Heide Dienst · Agnes

Ein Österreich-Thema aus dem Bundesverlag

Heide Dienst

Agnes

Herzogin – Markgräfin
Ehefrau und Mutter

ÖBV

Österreichischer Bundesverlag · Wien

Diese Buchreihe ist Österreich gewidmet: Österreich mit seinen geistigen Kräften und Strömungen, Österreich mit seiner historischen und seiner kulturgeschichtlichen Bedeutung, Österreich mit seinen landschaftlichen Besonderheiten, seinen Persönlichkeiten und der so vielfältigen Wesensart seiner Bevölkerung. Vieles bietet sich an. Es soll nach und nach behandelt werden – anregend geschrieben und zugleich hohen Ansprüchen genügend.

Satz: Times 10/11 Punkt
Gedruckt auf holzfrei Offset 120 g
Druck: Wiener Verlag, Himberg
ISBN 3-215-**05911**-8

Inhalt

Einleitung

Österreichische Schulkinder wüßten über den Schleier der Agnes viel besser Bescheid als über die Geschichte der Ersten Republik, meinte der damalige Bundeskanzler Kreisky vor wenigen Jahren bei offizieller Gelegenheit. Nachforschungen bei Acht- bis Neunjährigen ergaben: Sie wissen von beidem gleich wenig! Im Heimatkundeunterricht zwar mit einzelnen Geschichten und Begebenheiten aus beiden Epochen konfrontiert, nehmen die Kinder wenig Wissen, Interesse und Verständnis mit. In den Schulheften und in den Lesebüchern „zum Behalten" finden Geschichten dieser Art keinen Niederschlag.

Kindern aus Klosterneuburg und Wien ist bekannt, daß der Wind den Brautschleier der Markgräfin Agnes vom Kahlenberg ins Tal geweht hat. Den Wind hat jeder erlebt, der einmal auf dem Leopoldsberg gestanden ist; die Sache scheint nicht unglaubhaft. Wunderbar war allerdings die Wirkung: Wo man den Schleier endlich fand, dort gründete der heilige Leopold Klosterneuburg. Dieses Wissen ist nicht einmal in ganz Niederösterreich verbreitet, geschweige denn in den sieben übrigen Bundesländern. In den „Sagen aus Österreich" kann man unter Niederösterreich die Gründungslegende von Klosterneuburg nachlesen.

Eine lokale Sage also, keine verbürgte Geschichte (certa historia). Was macht die Begebenheit, die sich real nie ereignet hat, so interessant für die österreichische Geschichte und Politik?

Zweieinhalb Jahrhunderte nach dem Tod der Markgräfin Agnes erstmals niedergeschrieben, ist die Geschichte ein Zeugnis für die Ideologisierung der Vergangenheit zur Legitimierung von Bestrebungen der Gegenwart. Sie dient der Aufwertung des Stiftes Klosterneuburg unter den übrigen Klöstern im habsburgischen Machtbereich, sie dient der Erhöhung des landesfürstlichen Prestiges im Inneren und dem Ansehen der habsburgischen Dynastie nach außen, sie bietet Identifikationsmöglichkeiten mit dem legendären „Herrscher und Heiligen“ Leopold.

Agnes taucht in der Legende nur als Trägerin des Schleiers auf. Der Schleier allein, abgehoben von der Trägerin nicht durch den Wind, sondern durch Geschichtsschreibung und Predigt, wird in der Folge immer mehr zu einem Requisit der Leopoldlegenden, dessen also, was man über Bedeutung und Wirken des Markgrafen Leopold für das Haus und das Land Österreich, für das Stift Klosterneuburg, für christliche Eheleute hören und lesen sollte.

Leben und Wirken des vor einem halben Jahrtausend heiliggesprochenen Markgrafen wurde und wird tradiert und propagiert durch literarische, künstlerische und wissenschaftliche Bemühungen, in Historiographie, Predigt, Wundergeschichte, Legende, Bild.

Die Geschichte seiner Frau aber lebt im wesentlichen in der Geschichte vom Schleier. Nicht die individuelle Person war interessant, sondern das Symbol dessen, dessen Verlust die Weiterexistenz der Generationen garantierte. Wo der Schleier sich findet, dort ist die Jungfrau. Verlust und Wiederauffindung des Schleiers: Gründung von Familie und marianischer Gemeinschaft. In dem konkreten Beispiel: von babenbergischen Herzögen – als deren natürliche Erben verstanden sich die Habsburger – und von Klosterneuburg. In weiterer Konsequenz: des Landes.

Diese Überlegungen bestimmten die Tradition des Agnesbildes: das Selbstverständnis der Gründungen, besonders Klosterneuburgs, und die Stilisierung des Markgrafen Leopold als Landesvater, als politisches Symbol. Zur Geschichte des wundertätigen, milden und gerechten Herrschers und machtvollen Schützers des Landes konnte die Erwähnung der Ehefrau die notwendige Ergänzung oder einen akzentuierenden Kontrast liefern. Während das erstere zum Klischee der Vorstellung von Landeseltern bzw. des christlichen Ehepaares vonnöten war, klingt das letztere im Klischeebild der Heiligkeit des Markgrafen an: In der Kanonisationsbulle wird es zum ersten Mal in aller Schärfe formuliert. Dienende Hilfe, strahlende Ergänzung, Verführung zu den „Freuden dieser Welt“: Zwischen diesen Positionen schwankt das Bild des Weiblichen, schwankt auch das Bild der Agnes, ausgeformt nicht zuletzt in Bildern und Legenden.

Die über den heiligen Leopold bekannten Quellen einmal mit dem etwas ungewöhnlichen Blick auf seine Frau zu betrachten, bot den Anreiz zu der vorliegenden Publikation. Zwangsläufig führte die Suche nach der Frau des heiligen Markgrafen zu einem Spiegel von im Laufe der Jahrhunderte konstanten und wechselnden Vorstellungen und Normen in bezug auf das Verhältnis von Mann und Frau in Realität und Phantasie. Der Blick fiel zunächst auf die durch Herkunft und Kinderschar politisch einflußreiche Frau, ohne deren familiären Hintergrund Markgraf Leopold vermutlich nicht zu dem Heiligen geworden wäre, als der er heute verehrt wird, dann auf die demütig-sanfte Ehefrau und Friedensstifterin; er blieb schließlich auf dem Schleier als dem Symbol des Weiblichen hängen, dem Schleier, der zuletzt noch zum Symbol Österreichs wurde.

Es war ein Anliegen dieses Buches, die verschiedenen An- und Einsichten durch Bilder und Texte ausführlich zu dokumentieren. Um den Apparat möglichst knapp zu halten, wurden nur die im Original zitierten Texte durch Anmerkungen ausgewiesen und zu den einzelnen Kapiteln nur ausgewählte wichtige Literatur en bloc angeführt, um einen Einstieg in weiterführende Lektüre zu ermöglichen. Auch wurde auf Literatur zu den Bildern verzichtet. Was die Originaltexte betrifft, so stammen die Übersetzungen aus dem Lateinischen von der Verfasserin, sofern nichts anderes angegeben ist; die deutschen Texte wurden geringfügig normalisiert, um eine bessere Lesbarkeit zu gewährleisten.

„Agnes“ hätte in der knappen zur Verfügung stehenden Zeit in der vorliegenden Form nicht entstehen können ohne freundlich und rasch gewährte Hilfe von vielen Seiten: Herr DDr. Floridus Röhrig CanReg erteilte bereitwillig Auskünfte und die Photographiererlaubnis für Klosterneuburger Kunstschätze, Handschriften und Archivalien; Herr Univ.-Prof. Dr. Helmut Buschhausen fertigte trotz großer eigener Zeitnot Farbphotos aus Klosterneuburger Handschriften an; Frau Dr. Erika Kaiser verschaffte schlecht zugängliche Literatur. Hinweise, Auskünfte bzw. Bildvorlagen danke ich ferner Dr. Franz Eybl, Dipl.-Graph. Irmgard Grillmayer, Univ.-Prof. Dr. Wolfgang Häusler, Helga und Fritz Kaplan, Ingeborg Kitlitschka, Univ.-Doz. Dr. Walter Krause, Karl Neuzil, Dr. Johannes Oman, Bernhard Paul, Prof. Dr. Richard Perger, Dr. Robert Pichl, Edith Specht sen., Dr. Edith Specht, Dr. Gottfried Stangler, Dr. Hans Ubl, Dipl.-Ing. Dr. Heinz Vlasaty, Dir. Elisabeth Wellner und Univ.-Prof. Dr. Erich Zöllner.

Kapitel I

Eine hochadelige Frau vor 900 Jahren

Ihr Sohn und andere Zeitgenossen erzählen und schreiben . . .

Agnes von Waiblingen, Herzogin von Schwaben

Ostern 1079

„Bester der Männer, den ich unter allen im Frieden als den treuesten und im Kriege als den tapfersten erkannt habe, sieh, wie das römische Reich, von Finsternissen eingehüllt, der Treue bar nach dem Wort ‚Unter den Göttern verließ als letzte Asträa die Erde', sich zu niederträchtigen Anschlägen und verabscheuenswerten Taten verleiten läßt; nicht den Eltern wird Ehrfurcht, nicht den Herren der schuldige Gehorsam gezollt. Die heiligen Eide, die nach göttlichem wie menschlichem Recht den Fürsten von ihren Vasallen öffentlich geleistet zu werden pflegen, werden für nichts geachtet, und eidliche Parteiverpflichtungen, die gegen göttliches und menschliches Recht in Schlupfwinkeln erfolgen, werden unter der Hetzpeitsche des Teufels für heilig gehalten. Keine Achtung wird den Gesetzen, keine Achtung den göttlichen Geboten gezollt. Denn da alle Obrigkeit von Gott stammt, widersteht Gottes Verordnung, wer der Obrigkeit widersteht. So erhebe du dich wider diese schreckliche Seuche und gürte mannhaft dein Schwert zur Niederwerfung der Feinde des Reichs. Denn ich kenne wohl deine bisherigen Verdienste und werde künftig an sie denken. Also werde ich dir meine einzige Tochter zur Frau geben und dir das Herzogtum Schwaben . . . übertragen[1]."

Mit diesen Worten wandte sich in dem Bericht des Otto von Freising Kaiser Heinrich IV. an einen vornehmen, verläßlichen und tüchtigen Ritter, „einen Grafen namens Friedrich, der von den vornehmsten Grafen Schwabens abstammte; er hat auf der

Burg Staufen eine Siedlung angelegt[2]". Der schwäbische Graf war der Großvater des Kaisers Friedrich Barbarossa, dessen Taten zu erzählen der Freisinger Bischof sich vorgenommen hatte. Als gründlicher Historiker schilderte er einleitend Herkunft und Leistungen der Vorfahren seines Helden.

Die Frau aber, die einzige Tochter des Kaisers, war Agnes – Bischof Ottos Mutter. In diskreter Zurückhaltung erwähnt er diese Tatsache nicht, wohl aber andere familiäre Zusammenhänge: „... Friedrich regierte viele Tage kraftvoll das Herzogtum Schwaben. Aus seiner hochadeligen Gemahlin erhielt er zwei Söhne, Friedrich und Konrad. Er selbst beschloß seine Tage in hohem Alter nach vielen hervorragenden Maßnahmen und wurde im Kloster Lorch beigesetzt, das er auf eigenem Grund erbauen hatte lassen ... Nach dem Tod des Herzogs Friedrich von Schwaben nahm ihr Bruder Heinrich, der Sohn Kaiser Heinrichs, die Witwe Agnes in seine Obhut und gab sie dem Markgrafen Leopold von Österreich zur Frau ... Von ihren Söhnen war Friedrich 15, Konrad damals 12 Jahre alt[3]."

Damit sind die wesentlichsten Daten aus dem Leben der Frau umrissen, von der im folgenden berichtet wird, von der Urenkelin, Enkelin, Tochter, Schwester, Mutter und Großmutter von Kaisern, Stammutter von Staufern und Babenbergern, Garantin der Kontinuität der Dynastien der Salier und der Staufer; der Frau, die heute als tugendhafte Gemahlin des heiligen Markgrafen Leopold ein Dasein im niederösterreichischen Heimatkundeunterricht und in Sagenbüchern fristet.

Die Art ihrer Einführung in die geschriebene Geschichte ist charakteristisch für das Schicksal hochadeliger Frauen im Mittelalter: Töchter waren politisches Kapital, waren Bündnismittel, besonders in einem Fall wie diesem, der dem Grafen Friedrich von Büren die Einheirat in die Familie des salischen Kaisers ermöglichte. Die Einsetzung Friedrichs als Herzog war das Ergebnis einer Neuorientierung der kaiserlichen Politik während einer für den Salier äußerst kritischen Phase des sogenannten Investiturstreites: Friedrichs Vorgänger in der Herzogswürde war Rudolf von Rheinfelden gewesen, der Schwager des Kaisers, der nach 20 Jahren Regierung als schwäbischer Herzog im Jahr 1077 als Exponent der päpstlichen Partei zum Gegenkönig gewählt worden war. Seine erste Frau Mathilde, die älteste Tochter der Kaiserin Agnes, war damals schon lange tot, doch war Rudolf durch seine zweite Ehe mit Adelheid von Savoyen-Turin neuerlich „Schwager“ Heinrichs IV. geworden, der Adelheids Schwester Berta zur Frau genommen hatte. Es ist eine Eigentümlichkeit hochmittelalterlicher großer Politik, daß sich Konflikte und Entscheidungen von mitunter erheblicher Tragweite in der Regel innerhalb der engeren Familie abspielten. Mit anderen Worten: Politische Heiraten führten in den seltensten Fällen zu einer friedenssichernden Solidarität.

Etwa 32 Jahre war der neue schwäbische Herzog alt, als ihm die siebenjährige Agnes als Ehefrau anvertraut wurde. Er war Witwer und Vater mehrerer Töchter. Friedrich war einer unter mehreren „herzoggleichen“ Mächtigen im Fürstentum Schwaben. Durch seinen Hauptbesitz an Rems und Fils mit den Zentren Lorch und Göppingen führten zwei wichtige Durchzugsstraßen, salischer Hausbesitz war benachbart, dazu kamen von Mutterseite Besitzungen im Elsaß, um Schlettstadt und Hagenau. Doch war seine Macht an der Donau zu Ende, im Süden dominierten Zähringer und Welfen, wichtige Exponenten der päpstlichen Partei in Deutschland, Parteigänger des Gegenkönigs Rudolf von Rheinfelden. Gegen sie sollte der Staufer ein Gegengewicht bilden, ihnen den Weg zu dem Gegenkönig am Rhein im Norden versperren. Zeit seines Lebens war es Friedrich unmöglich, seine herzogliche Gewalt im gesamten Herzogtum auszuüben – während all der Zeit gab es zähringische Gegenherzöge. Doch behauptete er die Herzogswürde und baute seine Machtbasis durch konsequente Kleinarbeit zu einem geschlossenen Herrschaftskomplex aus – allerdings gegen Anerkennung der Ausübung von herzoglichen Rechten durch Zähringer und Welfen in ihren Machtbereichen, für die jeweils eine Burg namengebend wurde („Herzöge“ von Zähringen, von Ravensburg).

Für die kleine Agnes hat sich als Herkunftsbezeichnung Waiblingen nordöstlich von Stuttgart eingebürgert. Waiblingen ist heute Kreisstadt, war damals Pfalzort seit karolingischen Zeiten. Der erste Salier, der zum deutschen König gewählt wurde (Konrad II., 1024), nannte sich bereits nach diesem Ort. Friedrich Barbarossa soll sich der Abkunft von den Waiblingern gerühmt haben. Zu seiner Zeit wurde das Wort Kampfruf für das staufische Geschlecht, zur Parteibezeichnung in der italianisierten Form: Ghibellinen.

Barbarossa wußte offenbar zu schätzen, daß die Person der Agnes seiner Familie größere Anciennität und höheres Prestige vermittelt hatte. Die Tochter des Kaisers Heinrich und ihr Mann erfreuten sich besonderer Beachtung in einer Verwandtschaftstafel (Tabula consanguinitatis), einem der wenigen Zeugnisse zur Familiengeschichte, die nicht klösterlicher Überlieferung zu verdanken sind. Im Jahr 1153 entstanden, ist sie im Briefbuch des Abtes Wibald von Stablo erhalten, eines „Sekretärs" der kaiserlichen Kanzlei. Kaiser Friedrich hatte sie als Nachweis der zu nahen Verwandtschaft zu seiner (ersten) Frau Adela von Vohburg und daher als Grundlage für seinen Ehescheidungsprozeß anfertigen lassen.

Nur unser Ehepaar Agnes–Friedrich wurde mit Bemerkungen versehen: Friedrich habe die Burg auf dem Staufen gegründet, heißt es da, und mit der Tochter des Königs Heinrich den Herzog Friedrich (den Vater Barbarossas) gezeugt. Der Name der Agnes ist gar nicht genannt, wichtig war allein die Abkunft des Kaisers aus königlichem Geschlecht, aus der „stirps regia", die sich über Karolinger und Merowinger bis zu den Trojanern zurückverfolgen ließ – eine für das Selbstverständnis mittelalterlichen Adels höchst wichtige Tatsache!

Die kleine Tochter des Kaisers und der Berta von Savoyen-Turin wurde nach ihrer Großmutter väterlicherseits benannt, nach Agnes, der energischen Tochter des Grafen Wilhelm von Aquitanien-Poitou. Die Sitte, Namen in der zweiten Generation zu wiederholen, war damals weit verbreitet; so wurden wieder Enkelinnen nach der Salierin Agnes benannt.

Agnes von Poitou war 1043 mit König Heinrich III. vermählt, zur Königin und 1046 schließlich zur Kaiserin gekrönt worden. Zehn Jahre später war sie Witwe, Mutter mehrerer Töchter, eines sechs- und eines vierjährigen Sohnes. Für den Sechsjährigen, den späteren Kaiser Heinrich IV., führte sie, solange man sie ließ, die Regentschaft. Persönlich zog sie mit ihren Kindern 1058 an der Spitze eines Reichsaufgebotes gegen die Ungarn. Allerdings endete das Unternehmen bereits auf dem Marchfeld unkriegerisch. Der Friedensschluß wurde durch die Verlobung der Kaisertochter Judith mit dem ungarischen Königssohn Salomon besiegelt.

Unter den zahlreichen Urkunden, die damals im Namen des

achtjährigen Königs Heinrich ausgestellt wurden, befand sich auch eine, durch die der König seiner Mutter die von seinen Eltern gegründete Marienkirche in Hainburg (heute Deutsch-Altenburg) mit dem umliegenden Gebiet überließ. Die Kirche sollte Mittelpunkt einer Kanonikergemeinschaft werden, die aber nie realisiert wurde.

Nach ihrer Entmachtung und der Entführung ihres nunmehr zwölfjährigen Sohnes durch den Erzbischof Anno von Köln nahm die Kaiserin den Schleier und lebte fortan in Rom, ohne Nonnengelübde abzulegen. Sie verzichtete weiterhin nicht auf politische Einflußnahme, ließ ihre Unterstützung aber nicht ihrem Sohn Heinrich, sondern der Partei des Rudolf von Rheinfelden angedeihen, der einst ihre Tochter Mathilde geheiratet hatte. Mathilde war bereits nach einjähriger Ehe im Kindbett gestorben, Rudolf neuerlich verehelicht. Eineinhalb Monate nach den dramatischen Ereignissen im Jänner 1077 vor und in der Burg Canossa wurde Rudolf zum Gegenkönig erhoben. Im Dezember dieses Jahres starb die Kaiserin Agnes in Rom und wurde im Petersdom beigesetzt.

In der Stadt Rom waren Name und Kult der Märtyrerin Agnes seit dem 4. Jahrhundert bekannt und verbreitet; die stattliche Kirche S. Agnese legt noch heute Zeugnis davon ab. Allerdings wußte man nicht allzu viel von der vornehmen jungen Römerin, die unter Diokletian (304) oder ein halbes Jahrhundert früher unter Valerian das Martyrium erlitten haben soll. Desto phantasievoller konnte man (seit dem 6. Jahrhundert) ihre Leidensgeschichte ausmalen, die in einer barocken Legendensammlung aus dem Jahr 1726 in der fälschlichen Anklage der Hexerei gipfelt: In die Dreizehnjährige hatte sich der Sohn des „Römischen Stadtvogtes“ verliebt und begehrte sie zur Frau, allein sie war bereits verlobt: „Weiche von mir, du Sünder der Sünden . . ., dan es ist dir ein anderer Liebhaber vorkommen! . . . Seine Mutter ist eine Jungfraw und sein Vater weiß von keinem Weib. Ihm dienen die Englen und über seine Schönheit verwundert sich Sonn und Mond. Diesem bleibe ich allein treu und übergib mich allein von gantzem Gemüth. Dan wan ich ihn liebe, so bin ich keusch: wan ich ihn anrühre, so bin ich rein; wan ich ihn heurathe, so bleibe ich eine Jungfraw[4].“ Das Unheil nahm seinen Lauf: Der aufgebrachte junge Mann ließ sie als

Hexe anklagen, sie wurde, ihrer Kleider beraubt, ins „öffentliche Huren-Haus“ geführt, doch langes Haar schützte sie vor zudringlichen Blicken, überirdisches Licht hielt die Freier fern, das Freudenhaus wurde zu einem Bethaus, der Liebhaber durch ein Wunder bekehrt. Andere nahmen die Verfolgung auf; die Flammen des alsbald errichteten Scheiterhaufens verlöschten, ein Dolchstoß setzte schließlich ihrem jungen Leben ein Ende: Sie gilt als Patronin der Jungfrauen, Kinder und Verlobten.

Kult und Verehrung verbreiteten sich zunächst in Italien, dann nach dem Westen. In Deutschland wurde die Heilige erst im 11. Jahrhundert populär, die aus Aquitanien stammende Kaiserin dürfte dazu beigetragen haben. Ein wichtiger Hinweis auf die Ausbreitung von Heiligenverehrung bieten Reliquienübertragungen; wir wissen, daß Papst Damasus II. im Jahr 1048 Agnesreliquien von Rom nach Brixen übertragen ließ.

Vor allem seit dem 13. Jahrhundert stiegen Volkstümlichkeit und Verehrung. Von dieser Zeit an sind Darstellungen in größerer Zahl erhalten: Neben der Palme der Jungfrauen und Märtyrerinnen ist das Lamm persönliches Attribut der Heiligen. Ursprünglich in Anspielung auf den Namen (lat. agna = weibliches Lamm) gebildet, folgte bald die symbolische Deutung der mystischen Verlobung mit Christus, auf die die Legende Bezug nimmt. Ein Element, das wie manche andere auch die spätmittelalterliche Legendenbildung um die Markgräfin beeinflußt haben dürfte.

Noch war Agnes aber schwäbische Herzogin. Ihr wollen wir uns wieder zuwenden. Auch über sie wissen wir wenig Konkretes – und das Wenige wird bestimmt durch das Interesse derer, die Geschichte schrieben. Ausgeprägtes Interesse bestand für die dynastischen Zusammenhänge: Die bereits vorgelegten Proben beweisen es zur Genüge.

Im Jahr 1086 – Agnes zählte nun 13 Jahre – wurde das eheliche Leben aufgenommen. Der Hauptwohnsitz – um einen modernen Ausdruck zu gebrauchen – war die Burg in Lorch an der Rems. Der zu Füßen der Burg liegende Ort war an der Stelle des Römerkastells Lauriacum entstanden, an der Grenze der Provinzen Obergermanien und Rätien, nur 1 Kilometer hinter dem Limes. Den Mittelpunkt bildete die Pfarrkirche

Lorch an der Rems, ehemaliger Burghügel, ehemaliges Benediktinerkloster.

St. Maria, ein Kanonikatstift mit zwölf Klerikern und einem Propst. Ein Staufer, vielleicht Friedrich von Büren, hatte es um 1060 ins Leben gerufen. Nach der Fertigstellung des Neubaues einer Burg auf dem Hohenstaufen südlich von Lorch stiftete das Paar gegen Ende seiner langjährigen Ehe ein Benediktinerkloster an der Stelle der alten Burg und berief Mönche aus dem Reformkloster Hirsau dorthin. Die Stiftung, die dem heiligen Petrus geweiht wurde – was damals politisches Bekenntnis und Programm bedeutete – erfolgte um 1102. Die Kirche war als Stätte des staufischen Erbbegräbnisses vorgesehen. Doch nur Friedrich, der Stifter, liegt hier begraben; im Jahr 1140 wurden die Gebeine seiner Vorfahren hierher verlegt, um am Gebet der Mönche teilhaben zu können. Der politische Aufstieg der Staufer brachte es mit sich, daß kein weiterer männlicher Angehöriger der Familie hier seine letzte Ruhestätte fand.

Schon eingangs wurde berichtet, daß der Ehe zwei Söhne entstammten, zwei Söhne, die Karriere machen sollten: Friedrich wurde Herzog von Schwaben und war 1125 nach dem Tod des letzten Saliers Heinrichs V., seines Onkels, Kandidat für die Königswahl; allerdings unterlag er ebenso wie Leopold, der zweite Mann seiner Mutter. Konrad aber, der jüngere Bruder, wurde nach langen Kämpfen 1138 König. Er starb 1152. Sein Nachfolger wurde sein Neffe Friedrich Barbarossa. Die beiden waren mehr oder minder freiwillig tatkräftig um das politische Wohl ihrer jüngeren Stiefbrüder bzw. Onkel, Leopold und Heinrich, der Babenberger, bemüht.

Aus dem sogenannten Roten Buch von Lorch, einem Kopialbuch, das einleitend eine Stiftergenealogie enthielt, kennen wir Namen und weitere Schicksale von insgesamt elf Kindern des salisch-staufischen Paares: Die Töchter Heilica,

Lorch an der Rems, ehemaliges Benediktinerkloster: Langhaus der Klosterkirche. Das Langhaus stammt aus der Zeit der Erbauung, um 1100.

Die Ruinen der Burg Hohenstaufen in der Schwäbischen Alb, 684 m, 1525 zerstört.

Bertha, Hildegard, Gisela, Beatrix, Kunigunde, Sophia und Gertrud heirateten Grafen von Lengenfeld (Heilica), Elchingen (Bertha) und Stahleck (Gertrud), dann nur mit dem Vornamen bekannte Grafen, oder sie traten jung in Klöster ein. Bertha gilt als Gründerin des Chorherrenstiftes Boll. Das Original dieser wertvollen Quelle ist im Zweiten Weltkrieg verbrannt; vollständige Abschrift war keine vorhanden. Unser Wissen beschränkt sich auf den Inhalt von Exzerpten.

Der Herzog starb im Frühjahr 1105, noch keine 60 Jahre alt. Das jüngste Kind, Gertrud, zählte ein Jahr.

Wenige Monate nach dem Tod des Gemahls trat eine zweite einschneidende Wende im Leben der Agnes ein.

Neubeginn in Österreich

Oktober 1105

„So war das Reich jammervoll in sich gespalten: Aus allen seinen Teilen zog man Streitkräfte zusammen, mit Feuer und Schwert wurde das Land grausam verwüstet, und nun standen sich die beiden, Vater und Sohn, am Ufer des Regenflusses gegenüber . . .

Beide Heere hatten sich also an den Ufern des genannten Flusses gelagert. Einige, die im Fluß aneinandergeraten waren, waren bereits getötet worden. Da erkannte der jüngere Heinrich, daß die Hauptmacht seines Vaters auf dem Herzog Boriwoy von Böhmen und dem Markgrafen Leopold, dessen Schwester der Herzog zur Frau hatte, beruhen werde. Mit vielerlei Mitteln überredete er die beiden, seinen Vater zu verlassen; auch versprach er seine Schwester, die soeben Witwe nach Herzog Friedrich von Schwaben geworden war, dem Markgrafen zur Frau. Die beiden zogen sich zurück und der Kaiser war dadurch gezwungen, zu weichen. Von da an begann seine Macht zu sinken, die des jüngeren zu steigen . . .[5]“

So berichtet Otto von Freising ausführlich an anderer Stelle. Wieder eine politische Ehe, wieder ein gesellschaftlicher Aufstieg der Familie des Mannes durch Einheirat in die erste Familie des Reiches! Allerdings – und dies deutet Otto nur vorsichtig an – nicht auf die feinste Art zustande gekommen! Erst im 16. Jahrhundert empfand man den Flecken auf dem lichten Gewand des Markgrafen Leopold dunkler, als der Sohn es beschrieben hatte. Eine frühe Apologetik suchte nach edlen Motiven für den „Verrat“: Die Vermeidung von Blutvergießen war eines, die Tatsache, daß der Kaiser sich im Kirchenbann befand, ein anderes. In einer ausführlichen Studie hat sich zuletzt Franz Maschek mit dieser Frage auseinandergesetzt und die Meinung vertreten, das Hainburger (heute: Deutsch-Altenburger) Kollegiatstift sei schließlich in Klosterneuburg (neu) ins Leben gerufen worden, als Sühne für den Verrat, der am Beginn der glücklichen und fruchtbaren Ehe stand. Gleichgültig, wie man das Thema Sühnestiftung beurteilt: Maschek kommt das Verdienst zu, auf die salisch-staufische Ehe im Zusammenhang mit Klosterneuburg nachdrücklich hingewiesen

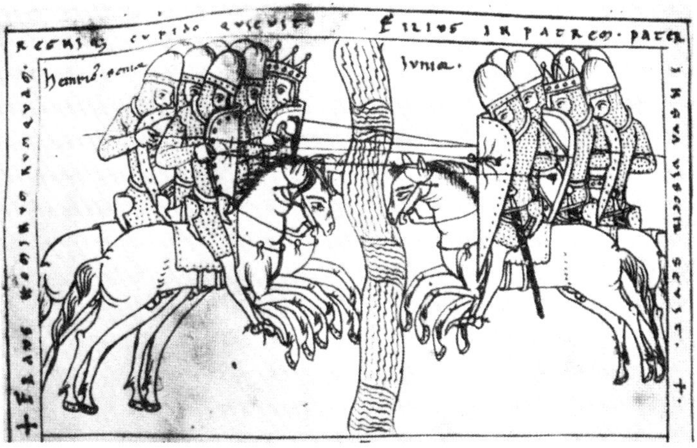

Die Heere Heinrichs IV. und seines Sohnes stehen einander am Flusse Regen gegenüber (1105). Federzeichnung aus einer Handschrift der Chronik des Otto von Freising, vermutlich vor 1177 im bayerischen Kloster Schäftlarn entstanden. Jena, Universitätsbibliothek, Codex Bose q. 6, fol. 91v.

zu haben, zudem auf die Existenz salischer Eigentümlichkeiten in Klosterneuburg, wie etwa des Afra-Patroziniums, das für Heinrich IV. von großer Bedeutung war.

In der Tat weist so manches aus der Klosterneuburger Frühgeschichte auf Lorch. Zunächst einmal die Parallelen der geographischen Lage: Beide Siedlungen liegen innerhalb des Areals von Limesstädten, beide an Provinzgrenzen, das eine Mal an der Grenze des obergermanischen und rätischen, das andere Mal an der des norischen und pannonischen Limes, beide am westlichsten Ende der Provinz. Beide Kirchen waren bzw. sind heute noch der heiligen Maria geweiht, beide waren Mittelpunkt einer geistlichen Gemeinschaft, beide dienten als Stätte des Erbbegräbnisses der Familie. In beiden Fällen bewohnte die Stifterfamilie in der Nähe einen Burgsitz („Pfalz"). In beiden Fällen unterhielten die geistlichen Gemeinschaften eine Schule, dienten Angehörige des Stiftes als Kapläne und Kanzleinotare, bedurften die Stifter des feierlichen Gottesdienstes zur Wahrung des Splendors ihrer Familie und ihres Amtes, nahmen die Unterhalter der Gründung Einfluß auf deren personelle Zusammensetzung, Einfluß auf die Organisation der Pfarrseelsorge. Zusammenhänge dürften bestanden haben: König Kon-

Blick vom Wagram auf die Bergkette südlich der Donau von Greifenstein zum Kahlenberg. In diesem Gebiet lag das wesentlichste Dotationsgut von Klosterneuburg.

rad III., der Sohn der Agnes, privilegierte in ein- und demselben Jahr 1139 sowohl das Stift Klosterneuburg, dessen Mitstifterin seine Mutter war, wie das von seinen Eltern gegründete Kloster Lorch, bestätigte dessen Unterstellung unter den päpstlichen Stuhl und ließ die Gebeine seiner Ahnen aus dem Kollegiatstift in die Klosterkirche übertragen.

Die Klosterneuburger Kanoniker waren bereits vier Jahre früher von Papst Innozenz II. in den päpstlichen Schutz aufgenommen worden, zwei Jahre nachdem Regularkanoniker das gemeinsame Leben in der Babenbergerstiftung aufgenommen hatten (1133). Diese auf höchster Ebene vorbereitete und durchgeführte Reform – Erzbischof Konrad von Salzburg, Bischof Roman von Gurk und Markgraf Leopold waren die treibenden Kräfte, erster Propst wurde der Salzburger Domdekan

Hartmann – hat die Anfänge Klosterneuburgs verdunkelt. Wenig wollte man darüber wissen, wenig erzählen. Soviel jedenfalls steht fest: In den Ruinen des pannonischen Römerlagers, dessen Namen wir leider nicht kennen, bestand eine Siedlung mit Pfarrkirche und Friedhof, als Markgraf Leopold beschloß, seinen Hauptsitz und das Familien-Erbbegräbnis von Melk an diesen Ort zu verlegen. Der Tod lokaler Grundbesitzer, der Wunsch nach einem befestigten Ort in größerer Nähe zur ungarischen Grenze mögen diesen Entschluß beeinflußt haben.

Vielleicht haben ihn auch die Wünsche lokaler Grundbesitzer bestimmt: Es ist auffallend, daß die ersten Kanoniker aus den dem Markgrafen ergebenen Familien stammten, die reichen Besitz einbrachten, daß zu den ersten Wohltätern Burggrafen wichtiger Burgsitze (Krems, Gars, Mödling) zählten. Allerdings können wir annehmen, daß die Säkularkanoniker, die nach keiner schriftlich fixierten Regel lebten, sehr oft außerhalb der Stiftung tätig waren, in Pfarren, in Burgorten ihrer Familie. Die Stiftung war jedenfalls eine politische und religiöse Sammelstelle, der der Markgraf offensichtlich die entscheidende Richtung wies. Bis dahin existierte in der Mark nur das Kanonikatstift St. Pölten, das völlig dem Einfluß des Passauer Bischofs unterlag. Göttweig war kurze Zeit Kollegiatstift gewesen, aber bald in ein Benediktinerkloster umgewandelt worden.

Im Jahr 1113 begannen umfangreiche Gütertransaktionen, die zum Teil eine Ablösung von Melker Rechten und Ansprüchen darstellten, zum Teil der Dotation von Klosterneuburg dienten. Am 14. Juni 1114 wurde feierlich der Grundstein zu der neuen Stiftskirche gelegt. Es ist auffallend, daß all diese Aktivitäten erst nach der Hochzeit mit der Salierin einsetzten; von der zehnjährigen Regierungstätigkeit des Markgrafen Leopold vor seiner Heirat wissen wir nichts. Doch zwei Jahre nachher zog der neue Schwager an der Spitze eines Reichsheeres gegen die Ungarn, damals war von den Klosterneuburg betreffenden Plänen offensichtlich noch keine Spur vorhanden. Es ist nicht völlig von der Hand zu weisen, daß die neue Markgräfin, ihre Begleitung und ihre Beziehungen wesentliche Impulse zu der Neustiftung gaben und die bauliche Gestaltung beeinflußten. Kunsthistorische Analysen im Detail stehen freilich noch aus.

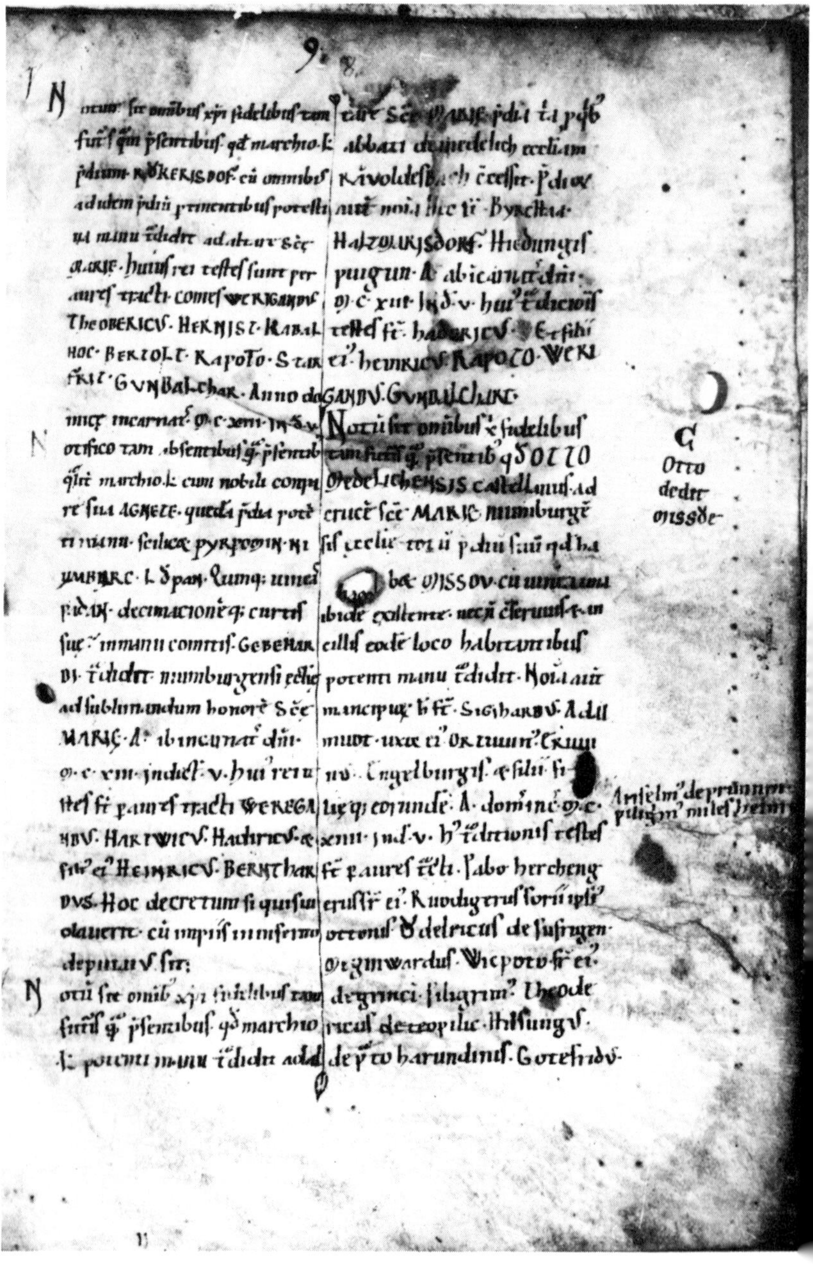

Eines aber ist sicher: In Österreich ist die schwäbische Vergangenheit der neuen Markgräfin unterdrückt worden. In Klosterneuburg sind „österreichische“ Nachrichten über sie schriftlich überliefert, von hier aus wurden sie allmählich in zahlreiche andere Klöster verbreitet. Da fast alle österreichischen Quellen – soweit sie sich auf Leopold und Agnes beziehen – auf der Klosterneuburger Überlieferung basieren, fehlt in ihnen während der Jahrhunderte des Mittelalters jeder Hinweis auf die erste, staufische Ehe. Auch Kaiser Heinrich V. wird nie im Zusammenhang mit seiner Schwester erwähnt. Die einzige Ausnahme: die Darstellung in Chronik und Zeitgeschichte (Gesta Friderici) des Otto von Freising. Wider besseres Wissen wurde in Klosterneuburg die Geschichte der Agnes mit ihrer babenbergischen Heirat und mit der Gründung des Stiftes begonnen. In dieser Tendenz lag der Keim für spätere Legenden.

„Kaiser Heinrich starb am 7. August. Markgraf Leopold nahm Agnes, die Tochter des Kaisers, zur Frau“, heißt es zum Jahr 1106 in den Melker Annalen[6]. Etwa 30 Jahre nach dem Tod der Markgräfin, in einem Annalen-Exkurs, der heute in der Literatur als „Chronicon pii marchionis“ bekannt ist, erzählte man etwas ausführlicher (Markgraf Leopold hat Klöster gestiftet und privilegiert): „. . . Als Lohn für soviel kirchliche

Notiz über die wirtschaftliche Grundlage der Stiftung Klosterneuburg, zweite Notiz der linken Spalte, eine von drei Eintragungen: Markgraf Leopold und seine Gemahlin Agnes übereignen durch den Grafen Gebhard Eigenbesitz in Bierbaum (Moosbierbaum im Bezirk Tulln), Klosterneuburg, Lŏpan (Unterloiben?), fünf Weingärten in Baden und den Zehent ihres (dortigen Lese-) Hofes.

Notifico tam absentibus quam presentibus, qualiter marchio L(iupoldus) cum nobili conpare sua Agnete quedam predia potenti manu . . . tradidit Niumburgensi ęcclesię ad sublimandum honorem sanctę Marię. Anno ab incarnatione domini MCXIII, indictione V. Huius rei testes sunt per aures tracti: . . . Hoc decretum si quis violaverit, cum impiis in inferno deputatus sit.

(Ich tue allen Abwesenden und Anwesenden kund, daß Markgraf Leopold mit seiner edlen Gemahlin Agnes einige Eigengüter aus eigener Machtvollkommenheit . . . übergeben hat der Klosterneuburger Kirche zur Erhöhung der Ehre der heiligen Maria. Im Jahr seit der Fleischwerdung des Herrn 1113, in der 5. Indiktion. Dafür sind als Zeugen bei den Ohren gezogen worden: . . . Wer diese feierliche Bestimmung beeinträchtigt, möge mit den Ruchlosen in der Hölle leben!)

Das babenbergische Pfalzgebäude (um 1140?) von der Hundskehle aus. Die rechteckige Gestalt ist gut zu erkennen; in der Größe entspricht der Bau sächsischen und thüringischen Anlagen (Dankwarderode, Wartburg). Nach einer Kreidezeichnung vor 1822 von Valentin Janscha (1743–1811). Niederösterreichische Landesbibliothek, Wien.

Gesinnung hat Gott für den Markgrafen eine Frau vorgesehen, ihm gleich an pietas und Tugend, aus königlichem Geschlecht, Agnes, die Tochter des Kaisers Heinrich IV., ausgezeichnet durch angeborene adelige Lebensart. Dank Gottes Fürsorge schenkte sie dem Markgrafen achtzehn Kinder. Sieben starben im Kindesalter; die elf Überlebenden, sechs Söhne und fünf Töchter, brachten es fast alle zu nicht geringen Ehrenstellungen ...[7]"

Angesichts der Tatsache, daß Agnes zum Zeitpunkt der zweiten Eheschließung schon über 30 Jahre alt war, sind Zweifel an der Richtigkeit dieser Angaben aufgetaucht. Zumindest einige der frühverstorbenen Kinder könnten aus ihrer ersten

Ehe gestammt haben, der älteste Sohn aus einer ersten Ehe des Markgrafen. Angesichts der Tendenz des „Chronicon pii marchionis“, nur von einer einzigen Ehe beider Partner wissen zu wollen, sind diese Möglichkeiten durchaus in Betracht zu ziehen, die zweite sogar höchstwahrscheinlich. Trotzdem müssen Zweifel an der hohen Geburtenzahl nicht immer angebracht sein, etwa 17 gebährfähige Jahre standen der „Stammutter“ noch bevor, Mehrlingsgeburten sind nicht auszuschließen.

Ob Agnes ihre kleineren Kinder in ihre neue Heimat mitgenommen hat? Wir wissen es nicht. Die in der Quelle genannten sieben jung verstorbenen Kinder aus der Ehe mit dem Markgrafen Leopold konnten in jüngster Zeit verifiziert werden: Die Klosterneuburger Babenbergergräber wurden geöffnet und die daraus geborgenen Gebeine anthropologisch untersucht. Tatsächlich konnten sechs bis sieben Individuen bis zu einem Alter von drei Jahren festgestellt werden.

Doch nun zu einigen bezeichnenden Nachrichten über die Kinder, die zur Erwachsenheit gelangt sind: Der fünfte Sohn, Otto, zunächst nominell Propst von Klosterneuburg, trat auf der Rückreise von seinem Studienort Paris in Morimond in den modernsten Reformorden ein: Er wurde Zisterzienser, Abt

Stammtafel: Leopold, Agnes und ihre Kinder. Aus dem Codex des Pfarrers Albert von Waldkirchen, angelegt für den persönlichen Gebrauch des Pfarrers zwischen 1305 und 1325. Österreichische Nationalbibliothek, Wien, CVP 608, fol. 3r.

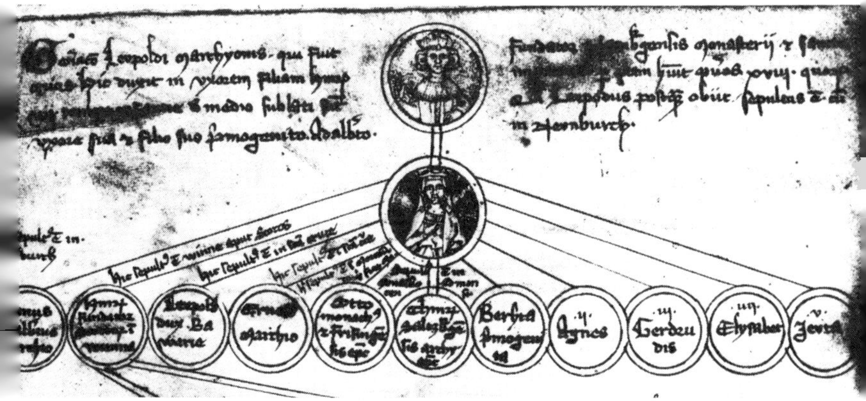

von Morimond und schließlich Bischof von Freising. Konrad, der sechste, wurde Bischof von Passau, dann Erzbischof von Salzburg. Der dritte, Leopold, wurde Herzog von Bayern. Kein Wort in dieser Quelle, daß er dem Vater als Markgraf nachfolgte, unter Umgehung der beiden älteren, Adalbert und Heinrich. Für diese Entwicklung dürfte, soweit wir sehen, im wesentlichen die Mutter verantwortlich gewesen sein. Sie scheint sich aktiv politisch betätigt zu haben, darin ihrer Großmutter nicht unähnlich. Allerdings war ihr Aktionsradius beschränkt: auf das Gebiet der Mark, auf Klosterneuburg, auf die Protegierung eines Lieblingssohnes. Offensichtlich war ihrer Parteinahme die Nachfolge von Leopold IV. in der Mark zu danken, ihrem Einfluß vielleicht auch dessen Belehnung mit dem Herzogtum Bayern durch ihren älteren Sohn Konrad im Jahr 1139.

An sie jedenfalls und nicht an den ältesten Sohn richtete Papst Innozenz II. am 8. Jänner 1137 ein Schreiben nach dem Tod des Markgrafen:

„Als Wir vom Tod des edlen Leopold, Deines Mannes, hörten, waren Wir menschlich umso mehr bekümmert, als Wir ihn, der dem heiligen Petrus und Uns zeit seines Lebens treu ergeben war, mit väterlichem Gefühl liebten“, heißt es in dem Brief[8]. Nach der Versicherung von Absolution und Gebet folgt aber die Mahnung, nicht in Trauer und Hader zu versinken, sondern in Friede und Eintracht zu leben. Denn es sei kein Zweifel: Kleine Anfänge könnten durch Eintracht zu großen Ergebnissen führen – machtvolle Positionen aber durch Entzweiung und Hader vernichtet werden. Man solle den Abt und die Brüder von Melk nicht schädigen bzw. – und das war der aktuelle Anlaß zu dieser Mahnung – nicht dulden, daß von dritter Seite Schaden erwachse. Gemeint war damit der Bischof von Passau. Der Brief schließt mit der Versprechung, der Papst werde den Bitten der Markgräfin entsprechen und sich bei Kaiser Lothar dafür einsetzen, „daß er ihr Recht bewahre“. Falls er ihn sehe und falls die Markgräfin „im Dienst des heiligen Petrus“ verharre, wird einschränkend hinzugefügt. Im übrigen sei er aber bereit, in dieser und in anderen Angelegenheiten stets ein geneigtes Ohr zu haben.

Daß die „Angelegenheit“ die Nachfolgefrage betraf, hat bereits Karl Lechner festgestellt. Am 11. April 1138 war sie in den Augen des Papstes entschieden – zur Zufriedenheit der

Kondolenzschreiben des Papstes Innozenz II. an die Markgräfin Agnes vom 8. Jänner 1137. Stift Klosterneuburg, Archiv.

Markgräfin, wie wir hinzufügen können. Ein Brief obigen Datums ist nämlich an die „in Christus geliebte Tochter, Markgräfin Agnes“ gerichtet und an „die edlen Herren Söhne, den Markgrafen Leopold und den Vogt Adalbert“[9].

Obwohl Agnes zu Lebzeiten des Gemahls auf eine eigene Politik verzichtet zu haben scheint, nahm ihr Name – durchaus den Gepflogenheiten der Zeit entsprechend – in den Leopold-Urkunden einen besonderen Platz ein. Es verstand sich von selbst, daß sie bei zahlreichen – aber beileibe nicht bei allen – Rechtshandlungen des Markgrafen als Mithandelnde auftrat, daß ihre Zustimmung oder ihre Intervention eigens erwähnt wurde.

In einem Fall bestand ein Anknüpfungspunkt an die Kaiserin Agnes: Diese soll Zehenteinnahmen aus Persenbeug an das Kanonikerstift St. Nikola vor (heute in) Passau gegeben haben; die Abgaben hatten jedoch nie den Adressaten erreicht. 1128 stellen „der hervorragende Markgraf Leopold mit seiner Frau Agnes und seinem Sohn Adalbert“ die Zehentrechte wieder zurück bzw. erkennen sie an. „Mit Handen der Gemahlin Agnes und der Kinder NN.“ tätigt der Markgraf viele Rechtsgeschäfte, meist Privilegierungen von geistlichen Stätten; zumindest stimmen „die ehrenwerte Gattin“ und die Kinder ihnen zu. Heiligenkreuz etwa wird mit Zustimmung und auf Bitte der „Teilhaberin an Unserem Bett Agnes“ gestiftet. Die „fromme Gemahlin Agnes (uxor religiosa)“ bestätigt die Beendigung eines Besitzstreites mit dem Kloster St. Peter in Salzburg. Klosterneuburg bestiftet der Markgraf „zusammen mit seiner hochedlen Gemahlin“, ebenso das Benediktinerkloster Kleinmariazell.

Soweit die meist nicht sichere Datierung ein Urteil erlaubt, erfolgten selbständige Schenkungen oder andere Rechtsgeschäfte der Markgräfin erst nach dem Tod Leopolds. Es galt, Seelgeräte für ihn aufzurichten. In der Vorstellung der Zeit entsprach es der Sorge für das Seelenheil, dem guten Ton und dem Ansehen der Schenker, für den Fall ihres Todes Besitz und Leute an eine oder mehrere Kirchen zu schenken. Diese Schenkungen, „Seelgeräte“, wurden meist während der Begräbniszeremonie feierlich verkündet: Die trauernden Hinterbliebenen erklärten sich vor zahlreichen Zeugen, vor der Trauergemeinde, mit der Übereignung des Besitzes einverstanden. Wie zahlreiche Urkunden über nachfolgende Rechtsstreitigkeiten beweisen, wurde der Verlust von oft ansehnlichem Hab und Gut mitunter ebenso schmerzlich empfunden wie der menschliche Verlust.

Eineinhalb Monate nach der feierlichen Einweihung der Klosterneuburger Stiftskirche starb Markgraf Leopold am 15. November, vielleicht an einem Jagdunfall. Über Tag und

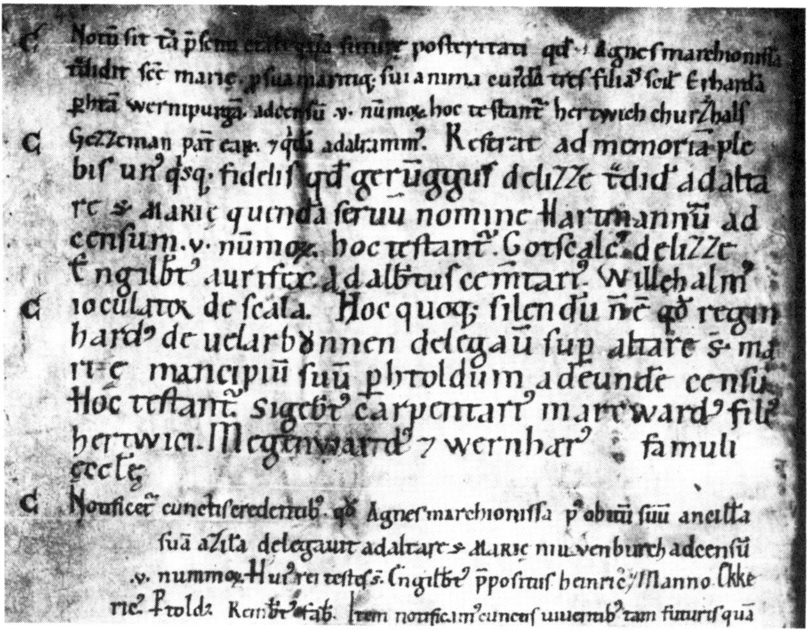

Notizen über Schenkungen der Markgräfin Agnes aus dem Klosterneuburger Traditionscodex, fol. 48v, erste und vierte Notiz:

a) Notum sit tam presenti etati quam futurę posteritati, quod Agnes marchionissa tradidit sanctę Marię pro sua maritique sui anima cuiusdam tres filias, scilicet Erhardam, Perhtam, Wernipurgam, ad censum V nummorum. Hoc testantur Hertwich churzhals, Gezzeman pater earum et quidam Adalrammus.

(Die gegenwärtige Zeit und die Nachwelt mögen wissen, daß die Markgräfin Agnes der heiligen Maria [d. i. der Klosterneuburger Kirche] für ihr eigenes Seelenheil und das ihres Mannes drei Töchter eines gewissen Mannes, nämlich Erharda, Perhta und Wernipurg, zum Zins von fünf Pfennigen gegeben hat. Das bezeugen Hertwich Kurzhals, Gezzeman, der Vater der Mädchen, und ein gewisser Adalram.)

b) Notificetur cunctis credentibus, quod Agnes marchionissa post obitum suum ancillam suam Azilam delegavit ad altare s(ancte) Marię Niuvenburch ad censum V nummorum. Huius rei testes sunt: Engilbertus prepositus, Heinricus et Manno, Ekkericus, Pertoldus, Reinbertus faber.

(Allen Gläubigen sei kundgetan, daß die Markgräfin Agnes nach ihrem Tod [für den Fall ihres Todes] ihre Magd Azila dem Altar der heiligen Maria in [Kloster] Neuburg übergeben hat zu einem Zins von fünf Pfennigen. Dafür sind Zeugen: der Maier Engelbert . . ., der Schmied Reinbert.)

Reste des Stoffes aus dem Agnes-Grab.

Die Gebeine der Agnes im Schachtgrab unter dem Klosterneuburger Kapitelsaal (Leopoldskapelle).

nähere Umstände seiner Beisetzung wissen wir nichts, lediglich Nachrichten über fromme Stiftungen zu seinem Seelenheil sind überliefert: Die Markgräfin Agnes soll zusammen mit ihren Kindern zwei Weingärten an Kleinmariazell gestiftet haben, ferner mehrere Zinsbauern mit ihren Höfen an Klosterneuburg. Im ersten Fall wird ausdrücklich erwähnt, daß sich bei diesem Anlaß die streitenden Brüder versöhnt hätten.

Als ihr zweiter Sohn aus erster Ehe, Konrad (III.), König geworden war, hat sie offenbar zugunsten von Klöstern im Machtbereich der nunmehrigen bayerischen Herzöge Leopold und Heinrich interveniert: Klosterneuburg erhielt 1139 durch Königsschenkung die Frauenkirche am Berg in Stein an der Donau, das Kloster Garsten zwei Jahre später umfangreichen Besitz (400 Hufen) in der Riedmark. Wieweit sie selbst die politischen Veränderungen in Bayern gefördert hat, läßt sich nicht feststellen. Jedenfalls hat König Konrad seinen jüngeren Halbbruder Leopold mit dem Herzogtum Bayern belehnt, nachdem zu Weihnachten 1138 der Welfe Heinrich der Stolze als Herzog abgesetzt worden war. Wenn wir Otto von Freising Glauben schenken dürfen, so war die Einsetzung seines Bruders Leopold für das Herzogtum kein Segen. Nach langen und vergeblichen Kämpfen zogen sich die Babenberger aus Bayern erst zurück, als ihnen die Loslösung der Mark Österreich und deren Umwandlung in ein Herzogtum vertraglich zugesichert worden war. Doch davon soll später noch die Rede sein.

Mehrfach haben wir Nachrichten darüber, daß die Markgräfin Mägde oder auch ganze Familien an Klosterneuburg gab. Sie dürfte offenbar für ihre Dienerschaft im Fall ihres Todes vorgesorgt haben. In einem Fall heißt es ausdrücklich, die Markgräfin habe bestimmt, daß ihre Magd Azila nach ihrem Tod als Zensualin dem Stift Klosterneuburg angehören solle. Es handelte sich vielleicht um ihre persönliche Kammerfrau, die in ein vorteilhaftes Abhängigkeitsverhältnis – zu einem Jahreszins von fünf Pfennigen, ohne persönliche Dienstleistungen erbringen zu müssen – zu dem Stift treten sollte. In anderen Fällen haben Leute aus der markgräflichen Dienerschaft selbst um diese Gestaltung ihres weiteren Schicksals gebeten.

Agnes dürfte also – jedenfalls ganz sicher nach Leopolds Tod – über einen eigenen „Hofstaat" verfügt haben. Offenbar erfreute sie sich einer äußerst robusten Gesundheit: Trotz ihres

Grabplatte aus Kalksandstein, 21 x 39,5 cm. Inschrift: Hic est sepulta d(omi)na Ang/nes Marchionissa uxor S(ancti) Leopoldi. (Hier ist begraben die Herrin Agnes, Markgräfin, Ehefrau des heiligen Leopold.) Auf dem Photo sind verschiedene Namensgrafitti von Pilgern deutlich zu erkennen.

anstrengenden Lebens, trotz der zahlreichen Schwangerschaften erreichte sie ein für damalige Zeiten sehr hohes Alter – sie wurde 70 Jahre alt. Ihren Mann hat sie noch um fast sieben Jahre überlebt: Sie starb am 24. September 1143. Ihr Sterbedatum ist im Klosterneuburger Nekrolog festgehalten, um sicherzustellen, daß der Stifterin an ihrem Todestag in Messe und Gebet gedacht werde.

Beigesetzt wurde sie in einem einfachen Schachtgrab an der Seite ihres Mannes in dem kurz zuvor errichteten Kapitelsaal vor dem Eingang zur Nikolauskapelle, einer damals frei stehenden Kirche. An der Seite des Markgrafen befand sich das Grab seines ältesten Sohnes Adalbert. Diese drei und sieben Kleinkinder ruhen als einzige in Klosterneuburg. Auch in dieser Hinsicht – der Stifter konnte keine Erbbegräbnis-Tradition in seiner Stiftung begründen – teilt Klosterneuburg das Schicksal von Lorch. Für die Anlage der markgräflichen Grablege mußten mehrere ältere Erdgräber zerstört werden. Grabungen der Jahre 1981 und 1982 brachten zutage, daß die Gebeine aus diesen Gräbern sorgsam neben dem Kapitelsaal aufgeschlichtet worden sind.

Das Schachtgrab der Markgräfin Agnes blieb bis zur archäologischen Untersuchung im Jahr 1979 unberührt. Die Untersuchung ergab, daß die Markgräfin ohne Sarg, ja unbekleidet, nur in ein Wolltuch gehüllt, direkt auf die Erdsohle des Grabschachtes gelegt worden war. Kein Schmuck, keine Beigaben, keine edlen Materialien (Seide, Goldfäden) verrieten den hohen Rang der Bestatteten. Einfachheit aus frommer Demut, so wie später bei der heiligen Elisabeth?

Erst als nach der Heiligsprechung des Markgrafen ein besonders lebhafter Zustrom von Pilgern einsetzte, erhielten die Gräber Grabplatten mit Inschriften (um 1500), auf denen sich die Pilger ihrerseits verewigten.

Kapitel II

Adeliges Frauenleben

Urkunden, Chroniken, klösterliche Quellen verschiedenster Art künden von den Ereignissen, die man der Erinnerung wert erachtete: politische Eheschließung, Tod, Rechtshandlungen. Im wesentlichen interessierten die Geschichtsschreiber zwei Aspekte des individuellen Lebens der Herzogin-Markgräfin: ihre Abkunft aus der Königsfamilie, der ersten Dynastie des Reiches, und die Tatsache, daß sie sich als äußerst fruchtbare Mutter erwies.

Diese Aspekte sollen in einem späteren Kapitel näher beleuchtet werden, zuvor aber ein kurzer Blick auf die allgemeinen Lebensbedingungen einer Frau ihres Standes. Wie war sie gekleidet, wie wohnte sie, was gab es zu essen? Hatte sie einen speziellen Aufgabenbereich? Wie wurden Feste gefeiert? Weiß man etwas über Hochzeitsbräuche, über Geburten, über Erziehung? Kann man sich in Wertvorstellungen, in die Mentalität einfühlen?

Antwort auf solche Fragen geben erhaltene Bilder und Bauten, geben vor allem die großen Dichtungen.

Zu Agnes' Zeiten wurde am babenbergischen Hof sehr wahrscheinlich das Nibelungenlied oder Teile davon vorgetragen. Aufgezeichnet wurde es allerdings erst um die Wende zum 13. Jahrhundert, doch kennen und schätzen wir es heute als Spiegel der österreichischen Geschichte und Mentalität vom 10. bis zum 12. Jahrhundert, werden doch in der Hunnengeschichte die Erlebnisse der Ungarnzeit des 10. Jahrhunderts lebendig, leben doch die Helden häufig nach den ethisch-ritterlichen Normen der höfischen Zeit des 11. und 12. Jahrhunderts. Zudem ist in Betracht zu ziehen, daß die Sänger auf den Geschmack des Publikums Rücksicht genommen haben.

Mehrfach werden darin Hochzeiten geschildert. Bei allen Unterschieden im Detail werfen die Beschreibungen Licht auf wesentliche Elemente über Bedingungen und Brauchtum am Beginn einer Ehe. Vorbereitend wird die vermögensrechtliche und politische Seite der neuen Verwandtschaft geklärt, für die Braut verhandeln in der Regel nahe männliche Verwandte (Vater, Bruder).

Zwischen Heinrich V. und seiner Schwester Agnes kann sich abgespielt haben, was über Gunther und Krimhild berichtet wird[1]:

Do sprach der künic Gunther „swester vil gemeit
durch dîn selber tugende loese mînen eit.
Ich swuor dich eime recken: unt wirdet er dîn man,
so hastu mînen willen mit grôzen triuwen getân."

(Darauf Krimhild): „vil lieber bruoder mîn,
ir sult mich niht vlêgen; ja, wil ich immer sîn
swî ir mir gebietet: daz sol sîn getân.
Ich wil in loben gerne den ir mir, herre, gebet ze man."

Die eigentliche Eheschließungszeremonie fand im Ringe statt: Auf die beiderseitige Konsenserklärung der Brautleute folgten Kuß und mitunter auch Ringtausch. Die Braut hatte vorher zu zögern, sich zu zieren, zu schämen und schließlich doch auf das gute Zureden ihrer Verwandten einzugehen. Das Jawort wurde verschiedentlich dahingehend interpretiert, die Brautleute seien selbständig vertragschließende Teile gewesen. De facto war zumindest für die Frauen, aber vielfach auch für die Männer des Hochadels die Möglichkeit einer freien Partnerwahl fast ausgeschlossen. Zumal, wenn man in Betracht zieht, daß vielfach bereits Kinder verheiratet und fortan in der Familie des Mannes erzogen wurden. Auf die Zeremonie im Ring folgten feierliches Hochzeitsmahl, Kampfspiele und Beilager.

In der Initiale A(gnes) der Klosterneuburger Tafeln des Wiener Domherrn Ladislaus Sunthaym um 1490 ist eine Hochzeitstafel dargestellt, bei der auch Musikanten nicht fehlen (siehe Farbbild 2). In dieser Darstellung sitzen Männer und Frauen getrennt. Wenn sie auch Brauch und Tracht des Spätmittelalters festhält, so kann man sich doch vorstellen, daß es 400 Jahre früher nicht viel anders zugegangen sein wird. Unterschiede gab es allerdings in Kleidung, Tafelgeschirr und Speisen.

Den Abschluß der Hochzeitsfeier bildete der festliche Zug in eigens geschmückte Gemächer zum Vollzug des Beilagers. Das Ehebett wurde vor Zeugen bestiegen.

Am nächsten Morgen ging man zu einer feierlichen Messe. Kirchliche Beteiligung an der Ehezeremonie wurde seit dem 11. Jahrhundert häufiger, aber keineswegs Regel. Die Ehe galt um 1100 noch nicht als Sakrament.

Diesem ersten Tag folgten – wenn es sich um eine Fürstenhochzeit handelte – noch weitere Tage des Feierns mit vielen Gästen. Spielleute waren zur Stelle. Nicht nur reichliches Essen und Trinken für alle, auch Geschenke, im Wert abgestuft nach Rang und Stand des Beschenkten, waren den Gästen sicher: Die hochgestellten Gäste erhielten Silber und Gold, Schmuck, die Ritter mitunter Streitrosse, Hunde, Falken, die Frauen Seide, Spiegel, Haar- und Kleiderschmuck, Gürtel, Handschuhe. Am Morgen nach der Hochzeitsnacht übereignete der Ehemann die Morgengabe, im wesentlichen als Sicherstellung des Unterhalts für die Zeit der möglichen Witwenschaft gedacht. Die Braut ihrerseits hatte bereits reiche Mitgift mitgebracht: Gold- und Silberschmuck, erlesenes Geschirr, Küchengefäße jeder Art, Pferde, Tuch und Seidenstoffe. Die Höhe der Mitgift war bereits vorher ausgehandelt worden, Werte um 1 000 Pfund (ca. 240 kg Silber) waren nicht selten; häufig war der Betrag noch viel höher, seit dem 12. Jahrhundert stieg er enorm. Von selbst verstand sich der feierliche Empfang der Braut im Lande des Gatten: Sie wurde in Prozession mit Musik eingeholt, die Häuser waren geschmückt, die Straßen gekehrt, Räucherpfannen verbreiteten Wohlgeruch.

Für ausreichendes Essen und Trinken sorgten die Erträgnisse aus der Grundherrschaft. Läßt sich für Feste vor allem der immense Fleischbedarf (Rinder, Schweine, Schafe, Wildbret, Enten, Hühner) immer wieder in vielleicht übertriebenen Mengen dokumentieren, so gibt es aufgrund von Abgabenverzeichnissen und Leibrentenverträgen annähernde Schätzungen über den Verbrauch von adeligen Haushalten. Die Größe der Haushalte spielt bei der Beurteilung der Zahlen eine entscheidende Rolle, läßt sich aber meist nur annähernd bestimmen. Einer adeligen Dame am Beginn des 11. Jahrhunderts standen aus einem Leibrentenvertrag jährlich neben Geld, einer Decke aus Fuchsfell und einem Pelzgewand aus Grauwerk zu:

12 Schinken, 20 Malter Weizen, 20 Malter anderes Getreide, 5 Fässer Bier, eine carrada (Fuder) Wein, 10 Schafe mit und 5 ohne Lämmer und 5 Schweine. Käse und Honig waren weitere regelmäßige Abgaben; Honig bildete im gesamten Mittelalter den wichtigsten Süßstoff. Weiters gehörten zu einem adeligen Haushalt noch Fischteiche und Obstgärten: Kirsche, Pflaume, Zwetschke, Pfirsich, Apfel, Wal- und Haselnuß, Weintraube, schwarzer Holler, Brombeere, Edelkastanie, Mispel und vor allem Birne sind in unserer Gegend nachgewiesen. An Beeren wurden Erdbeere, Schlehe, Himbeere, Hagebutte, Waldbeere und Attich gesammelt, an Gemüse Amaranth, Dill, Zeller, Hanf, Möhren, Lein, Erbse, Fenchel, Minze und Feldsalat angebaut. Nicht gelöst war das Problem der Lagerung von Nahrungsmitteln über längere Zeit.

Ein Fest war selten, von ihm erzählte man lange. Ganz anders der Alltag: Er erzählte sich nicht. Zum Alltag gehörten alsbald Schwangerschaften in fast pausenloser Folge, sie wurden als Normalzustand angesehen. Jede Geburt war für die Mutter gefährlich – die Gefahr für ihr Leben war so groß wie für den Mann das Schlachtfeld. Gertrud zum Beispiel, die Tochter Kaiser Lothars und Witwe des Welfen Heinrich des Stolzen, wurde mit Heinrich, dem ältesten Sohn von Agnes und Leopold, verheiratet. Nach Herkunft und politischer Position der Ehemänner hätte sie für die Beziehungen zwischen Welfen und Babenbergern werden können, was Agnes für die zwischen Babenbergern und Staufern war. Doch starb sie bereits nach nicht ganz einjähriger Ehe bei der Geburt einer Tochter. Das Mädchen, Richardis, überlebte und heiratete später den Landgrafen Heinrich von Steffling. Das Gegenteil – der Tod des Kindes – war häufiger. Man nimmt an, daß im Durchschnitt ein Drittel aller lebendgeborenen Kinder das Erwachsenenalter erreichte, höchstens jedoch die Hälfte.

Viel Zeit werden die Mütter ihren Kindern nicht gewidmet haben. Häufig überließen sie sie einer Amme. Es ist jedoch verfehlt, einen Mangel an zärtlichen Empfindungen für die Kinder im Mittelalter anzunehmen. Spätestens nach sechs Jahren wurde entschieden, ob das Kind zum Kloster- oder zum Weltleben bestimmt sein sollte. Im ersten Fall wurde es der Klostergemeinschaft übergeben und dort erzogen. Im zweiten Fall genoß es als Knabe eine ritterliche Erziehung mit viel Fechten und Jagen, als Mädchen lernte es spinnen und weben und nicht selten auch schreiben und lesen, unter Umständen bereits am Hof der Familie des vorgesehenen Ehemannes.

Kleine Kinder lebten in den Häusern der Reichen unter dem Gesinde, um die Erwachsenen nicht zu stören. Die Burgen waren so groß, daß man eine räumliche Trennung leicht durchführen konnte.

Allzugroß allerdings darf man sich die Burgen der Babenbergerzeit nicht vorstellen. Schon ein Steinhaus galt als etwas Besonderes. Zunächst war eine „Burg“ nichts anderes als ein „festes Haus“, mit mehreren Wällen und Gräben gesichert. Zentrum war ein steinerner Wohnturm. Allmählich wurden die Baulichkeiten differenzierten Zwecken zugedacht, die Ausdehnung größer. In Klosterneuburg ist ein Saalbau aus dem 12. Jahrhundert erhalten (Abb. S. 26), ferner Reste eines repräsentativen Wohnhauses („Pfalz“), das aus Palas, Kapelle und Burgfrit bestand. Der meist zwei- oder dreigeschossige Palas enthielt einen großen Saal, Wohn- bzw. Schlafzimmer und im Erdgeschoß eine große Küche mit mehreren Feuerstellen, daneben unter Umständen ein Bad. Gedeckt mit oft kunstvoll geschnitzten Balkendecken, Boden und Wände bei Festlichkeiten mit Teppichen belegt und behängt, konnte der repräsentative Saalraum vielen Zwecken dienen. Tische und Bänke wurden nur zum Mahl hereingetragen und nachher wieder weggeräumt. Die meist hochliegenden Fenster waren nicht allzu groß. Sie konnten mit Läden verschlossen werden, Verglasung gab es um 1100 nicht. Ein oder zwei Kamine sorgten für Wärme, allerdings nicht ausreichend. Gezogen hat es immer, die Wärme reichte nicht gleichmäßig für den ganzen Raum. Die vornehmsten Plätze befanden sich daher direkt neben dem Kamin.

Der beste Kälteschutz war immer noch warme Kleidung: Kleidung im Zwiebelsystem. Was trug eine Dame von Stand? Die Grundkleidung bildeten Hemd und Rock. Das Hemd, meist aus Leinen, reichte vom Hals bis zu den Füßen, der Rock ebenfalls. Der obere Abschluß des Hemdes war beim Tragen sichtbar und deshalb reich verziert. Darüber trug man den Rock, am Oberkörper bis unter die Brust eng anliegend, darunter reich gezogen oder gefältelt weit fallend – alltägliche Umstandskleidung also. Der Rock war meistens aus Wolle, selten für festliche Gelegenheiten aus Seide, manchmal mit Pelz besetzt, mit einer Schmuckspange am Halsausschnitt geschlossen, mit einem Gürtel gehalten. Gürtel waren besondere Prunkstücke, breit, manchmal aus Edelmetallteilen zusammengesetzt, mit Perlen und Steinen verziert. Ärmel, modisch lang und weit, häufig aus anderem Material, konnten daran oder am Hemd, das eigene anliegende Ärmel aufwies, befestigt werden. Über dem Rock konnte man den Surkôt (Oberrock) tragen, der häufig mit Pelz gefüttert war, darüber zu festlichen Gelegenheiten eine lange Schleppe und darüber einen ärmellosen Mantel, meistens reich bestickt und mit Perlen und Steinen geschmückt. Diese repräsentativen Prunkgewänder waren äußerst kostbar und wurden nur selten zu festlichen Anlässen getragen. Häufig wurden sie später an Kirchen bzw. Klöster geschenkt und dort zu kostbaren Meßgewändern umgearbeitet.

Da die Kunst des Strickens noch unbekannt war, wurden „Socken“ (nach unserem heutigen Verständnis: Strümpfe) aus Leinen oder Wollstoff zusammengenäht. Schuhe waren entweder kostbar aus Stoff oder für den adeligen Alltag aus Leder (Schnürschuhe, Opanken).

Viel Aufmerksamkeit widmete man dem Kopfschmuck. Langes Haar war bei Frauen selbstverständlich. Während Mädchen es offen oder im Zopf, häufig mit Bändern geschmückt, trugen, hielt es die verheiratete Frau mit einem Leinen-, seltener mit einem Seidentuch zusammen: Das leinerne Gebende, um das Kinn gewickelt, wurde manchmal auch als Schleier bezeichnet; häufiger aber und als allgemeine Tracht der Verheirateten wurde der Schleier (rîse) getragen, ein Kopftuch, dessen Enden frei bis auf die Brust herabhingen. Wenn es nicht aus feinem Leinen bestand, so konnte es auch selten und kostbar aus goldgestickter Seide gefertigt sein. Zu festlichen Gelegenheiten wurde darüber ein Kronreif getragen.

Orientalische Seide und feines Tuch wurden importiert. Alles übrige entstand in Heimarbeit. Spinnen und Weben waren selbst für Damen des höchsten Adels standesgemäße Beschäftigungen, die Kunst feiner Handarbeit wurde geschätzt und gerühmt, die Damen suchten einander an Kunstfertigkeit zu übertreffen. Leinen- und grobe Wollstoffe wurden im Hause selbst von der weiblichen Dienerschaft angefertigt, es gab für sie geradezu Werkstätten. Prunkgewänder für Männer und Frauen wurden von den hochgestellten Damen persönlich angefertigt. Sie hatten dazu einen gewissen Fundus an Edelsteinen und Perlen zur Verfügung. Erst im Laufe des späteren Mittelalters übernahmen diese Arbeiten auch gewerbliche Schneider.

Spinnen von feinem Flachs und von Seide war durchaus standesgemäß, Wollspinnerei wurde den Mägden überlassen. Einen tadellosen feinen Faden mußte jedes Mädchen spinnen können. Dann kam dazu noch das Weben von Borten, Gürteln, Kopfputz, Hauben, Gürteltaschen. Berühmt war die Stickkunst: Mit bunten Seiden- und Leinenfäden wurden nach vorgezeichnetem Muster Wandteppiche, Tischtücher, Meßgewänder und Altartextilien bestickt.

Die Dienerschar und die hochgeborenen jungen Mädchen am Hof unterstanden der Aufsicht und Anleitung der Herrin. Den richtigen Umgang und höfische Sitte lernte man durch Nachahmung. Allmählich wurden auch „Benimmbücher" geschrieben, meist als Lehre einer Mutter für ihre Tochter.

Wichtig war die äußere Haltung: Kleine, kurze Schritte, gemessene Bewegungen waren schicklich. Nicht umschauen, den Blick senken, im Mantel still einherschreiten, die Kleider raffen, damit sie nicht schmutzig werden, die Beine beim Sitzen nicht übereinanderschlagen – das war gute Sitte. Einen fremden Mann sollte man nicht anblicken und anreden. Nur redend, wenn sie gefragt wurde, stand der Dame eine ruhige Sprechweise und Lächeln an. Lautes Reden und Lachen waren unschicklich.

Auch von Heilkunst mußte man etwas verstehen. Nicht nur die Wunden verbinden, sondern auch die Zubereitung von Salben sollte gekonnt sein. Kenntnisse über Heilkräuter waren verbreitet. Allheilmittel dürften Dictam und Theriak gewesen sein. Besondere Krankenkost zu bereiten gehörte ebenso zu den Künsten wie die Kenntnis von Besprechungs- und Segenformeln, des Beschwörens von bösen Geistern. Auch Beten und Räuchern wirkten heilend. Aderlaß und Schröpfen besorgten die Frauen.

Eine so erzogene Adelige war imstande, eine große Hofhaltung zu leiten, im Fall der Abwesenheit des Mannes auf Kriegs- oder Kreuzzug die Grundherrschaft zu verwalten. Das war Realität. Ob sich jede Edelfrau auch so tüchtig auf feine Handarbeit verstanden und das eben geschilderte züchtige Benehmen an den Tag gelegt hat, wird man dahingestellt lassen müssen, sind doch die als Quellen herangezogenen Dichtungen als Idealschilderungen zu sehen. Anderseits aber erfährt man auch von weniger feinen Umgangsformen: Schläge waren nicht selten. So ohrfeigten Eltern ohne Umstände auch die erwachsene Tochter, der Mann durfte seine Frau schlagen, darüber hinausgehende Brutalitäten wurden aber getadelt.

Für eine Frau von Stand bildete Schönheit eine notwendige Tugend. Was galt als schön? Hohe Gestalt, goldblondes langes Haar, helle (weiße) Gesichtsfarbe, dunkle ebenmäßige Augenbrauen, leuchtende Augen, eine gerade Nase, rosige Wangen, ein kleiner lächelnder Mund, weiße ebenmäßige Zähne, ein kleines rundliches Kinn, kleine Ohren, ein glatter weißer Hals, schmale Schultern, weiße, lange und weiche Hände, glänzende Nägel, kleine feste Brüste, eine schlanke Taille.

Es fällt auf, daß mit größter Selbstverständlichkeit nur junge Frauen in dieser Weise beschrieben werden, auch heiraten in der höfischen Dichtung nur Jungfrauen. Das Ideal ist also von der alltäglichen Wirklichkeit des Alterns und der Mehrfachverheiratungen meilenweit entfernt, allerdings war es so beliebt und allgegenwärtig, daß seine Erstarrung zum Klischee die Zeit der ritterlich-höfischen Kultur lange überdauerte.

Kapitel III

„Stifterin" von Familien

Kaisertochter und österreichisches Herzogtum

Adelige Abstammung forderte als Korrelat inneren Edelmut. Auf Agnes hat beides in idealer Weise zugetroffen. So formulierte es zumindest der Klosterneuburger Kanoniker um 1170 in der in Kapitel I zitierten Stelle aus dem „Chronicon pii marchionis". Diese Quelle, eine Art doppelte Stifterchronik, die mit dem Bericht über die Grundsteinlegung der Klosterneuburger Stiftskirche (1114) beginnt (vgl. auch die Abbildungen auf S. 83 und 84), endet mit den Worten:

„Schließlich sollst du eines wissen: ich habe das alles über den Markgrafen Leopold geschrieben, damit du sehen und erkennen kannst, wieviel ihm die göttliche Gnade für das Verdienst seiner Frömmigkeit geschenkt hat und wie sehr sich jener alte Segenswunsch des Herren und Schöpfers an ihm erfüllt hat: ‚Wachset und vermehret euch . . .'"

Dies ist der älteste Text, der die zahlreiche Nachkommenschaft dem Verdienst des Markgrafen und der Gnade Gottes zuschreibt, ohne die Markgräfin zu erwähnen. Dem Sinn nach steht er in guter alttestamentlicher Tradition, die etwa im Psalm 126 ihren Ausdruck findet:

Baut der Herr nicht das Haus,
mühn sich umsonst, die daran bauen.

Hütet der Herr nicht die Stadt,
wacht vergebens, der sie behütet.

Nutzlos ist's, wenn ihr vor Tag euch erhebt,
tief in der Nacht noch [an der Arbeit] sitzt,

ihr, die ihr esset der harten Mühsal Brot –
gibt Er es doch den Seinen im Schlaf.

Siehe, Gabe des Herrn sind Söhne,
Gnade von Ihm des Leibes Frucht;

Pfeilen gleich in des Kriegers Hand
sind Söhne der jungen Jahre.

Selig der Mann,
der mit solchen den Köcher gefüllt,

denn sie versagen nicht
im Kampf mit den Feinden am Tor.

Sie versagen nicht im Kampf mit den Feinden am Tor . . . Ähnliches klingt in dem in Kapitel V erwähnten Leopoldshymnus aus der Mitte des 14. Jahrhunderts an, doch sei hier ein großer zeitlicher Sprung erlaubt. Als Markgraf Leopold längst heiliggesprochen und Landespatron war, wurde er als Garant des Weiterlebens des Hauses Österreich, d. h. der habsburgischen Familie, im Mannesstamm angesehen. In frommen Leopoldibruderschaften (z. B. in der Bruderschaft der 72 Jünger Christi der Kirche am Hof) betete man alljährlich anläßlich der Wallfahrt nach Klosterneuburg um „Sukzession“: Kaiser Karl VI., seit 1708 mit Elisabeth Christine von Braunschweig-Wolfenbüttel verheiratet, war seit 13. Mai 1717 Vater einer Tochter, Maria Theresia, ein Sohn blieb ihm Jahr für Jahr versagt; wie wir wissen, auf immer. Noch aber war alle Hoffnung auf einen Sohn gerichtet, und die frommen Wallfahrer sangen:

1711: . . .
Wie ein Blum die ander bringet
und dardurch vermehret wird,
also nur getröst auch singet
bey St. Lepold Trost verspührt,
daß er durch sein Vorbitt groß
von Gott ein so reichen Seegen
bringe dem Ertz-Haus zuwegen
daß es nie sey Erben loß[1].

1719: . . .
Nach Wienn ach! thu anschauen
uns Leopold Heiliger Mann.

Wir glauben und vertrauen,
hoffen Succession.
Dein Fürbitt wird bewahren
s'Hauß Oesterreich vor Gfahren,
ja er versprichts uns schon[2].

1721: . . .

Ja, ja, er wird hier anhören,
was wir alle insgemein
bitten, weils zu grössern Ehren
hoffentlich – o Gott! – wird sein.
Ach, so gib auß sonder Gnaden
zu verhüten grossen Schaden
in der gantzen Christenheit
Carolo ein Sohn zur Freud.

Also bitte mit uns eben
heilger Leopold unsern Gott
der durch dich schon offt hat geben
in verschiedner Angst und Noth
ein gewünschtes „fiat" allen
die zu deiner Ruhstatt wallen
bringe uns auch heunt zur Freud
von Gott den gewünschten Bscheid.

Daß, wann wir das Jahr erleben
künfftiger Procession,
dancken mögen, daß Gott geben
Männliche Succession,
umb hierdurch von allen Gfahren
daß Hauß Oesterreich zu bewahren.
Wie wird für so grosse Gnad
danckbar seyn die gantz Wienn-Stadt?

. . .

So getröst können wir scheiden
von hier ab und nacher Hauß
gehen gantz getröst in Freuden
dann es wird nicht bleiben auß
umb was wir gehalten an:
die erwünscht Succession[3].

1724: . . .
Leben alle Unterthanen
in dem Hauß von Oesterreich
unter Kaysers Carl Cronen
daß er [Leopold] auch gar bald erreich
Männliche Succession
uns die Hoffnung tröstet schon[4].

1725: . . .
St. Leopold wir allzugleich
Vor dir uns bittlich neigen
Daß du dem Hauß von Oesterreich
Wollst deine Hülff erzeigen
Und Carolo dem grossen Held
ein Männlichs Zweiglein schicken
Folglich die gantze Christen-Welt
Mit Freud und Trost erquicken.

Im Adler Reich die Lerchen schon
Den Friden nunmehr singen
Noch eines fehlt . . . Succession
Ach, darvon will nichts klingen
Wir haben heunt gebetten zwar
Doch bitten, seufftzen, flehen
Wir fort und fort, laß uns von dar
Heuer nicht mehr trostlos gehen[5]!

In späteren Darstellungen des Habsburger-Stammbaumes ist der Tatsache, daß der Stamm durch eine Frau, Maria Theresia, weiterlebte, dadurch Rechnung getragen worden, daß in dieser Generation der Platz der Bilder von Mann und Frau vertauscht wurde – ein darstellerisches Mittel, das auf einer langen Tradition beruhte. Denn schon im ältesten gezeichneten Dynastenstammbaum, den wir kennen, einer Genealogie der Welfen aus den siebziger Jahren des 12. Jahrhunderts, ist der Bruch der agnatischen Linie auf diese Weise angedeutet.

Ein Beispiel dieser Art der Darstellung bildet der Stammbaum der österreichischen Landesfürsten, der sich in Maximilian Fischers Geschichte von Klosterneuburg aus dem Jahr 1841 findet: Auf einer mächtigen Eiche sind in aufsteigender Folge Porträtmedaillons von Rudolf von Habsburg bis Ferdi-

Stammbaum der Habsburger. Aus: Theodor Festorazzo – Michael Haller. Das Stift der regulirten Chorherren zu Klosterneuburg nächst Wien. In ein und dreissig Blättern mit erläuternden historischen Text des H. H. Maximilian Fischer (ca. 1840).

Die regierenden Babenberger ab Leopold und Agnes. Detail aus dem Stammbaum der Habsburger.

nand I. zu sehen, zwei Engel halten darüber den Erzherzogshut. Die einzige Frauendarstellung: Maria Theresia. Die Landschaft im Hintergrund des Baumes zeigt Kahlenberg und Klosterneuburg mit Hollerstaude, darüber im Kreis angeordnet Halbfiguren der regierenden Babenberger, beginnend mit Markgraf Leopold – und Agnes, der einzigen Frau in diesem Kreis. Zumindest in Klosterneuburg hat man also die Bedeutung des Stammelternpaares gewürdigt. Zur Signifikation einer Familie, der Anfänge einer Familie, gehört nicht der Stammvater allein, sondern das Elternpaar. Zudem deutet die Darstellung der Agnes auf die Abkunft aus kaiserlichem Geschlecht, der sich die weiteren Babenberger rühmen konnten. Es ist gewiß Absicht, daß der Habsburger-„Stammvater" Rudolf mit der Reichskrone dargestellt ist, Albrecht mit dem Herzogshut, die übrigen Habsburger aber ohne Herrschaftszeichen.

Eine Frau genügte, als Repräsentantin des Prinzips, durch das das Menschengeschlecht weiterlebt; ihr Einsatz an wesentlicher Stelle erläuterte dieses Prinzip zur Genüge. Damit folgte man einem Schema, das an dem biblischen Thema der Wurzel

Jesse vorgebildet wurde, in dem ebenfalls nur eine Frau dargestellt worden ist: Maria. Auf die Baumsymbolik soll in einem späteren Kapitel näher eingegangen werden. Die älteste Darstellung der Agnes überhaupt ist in einem solchen Zusammenhang erfolgt: in dem Babenbergerfenster im Brunnenhaus von Heiligenkreuz (Farbbild 1), das, wahrscheinlich im letzten Viertel des 13. Jahrhunderts angefertigt, vielleicht ursprünglich für die Verglasung des neuen Hallenchores vorgesehen war, der 1295 eingeweiht wurde. Agnes steht in diesem Zusammenhang nicht sosehr als Mitstifterin von Kirche und Kloster, sondern der Familie. Die Bilder sind nämlich im wesentlichen eine Illustration der Gedanken und Nachrichten des „Chronicon pii marchionis".

Ihm wollen wir uns wieder zuwenden. Es enthält zwei wesentliche Mitteilungen über die Salierin:

1. Ihre Familie ermöglicht es den österreichischen Landesfürsten, auf eine Abkunft aus königlichem Geschlecht verweisen zu können,
2. Agnes ist die fruchtbare Mutter, auf deren Kindern Segen ruht.

Bleiben wir beim zweiten Aspekt: Zuerst werden die Söhne, dann die Töchter behandelt. Von dem ältesten Leopold-Sohn Adalbert einmal abgesehen, der, in zweiter Ehe mit einer ungarischen Königstochter verheiratet, als „Kronprinz" betrachtet wurde, aber schließlich nicht zur Herrschaft kam, waren zwei weltliche und zwei geistliche Söhne besonders hervorzuheben. Von den Geistlichen, Otto und Konrad, wurde bereits kurz gesprochen, es bleibt noch ein Blick auf Heinrich und Leopold. Heinrich, der ältere, wurde vielleicht – abgesehen von der Tatsache, daß es sich um einen salischen Leitnamen handelte – nach einem Heinrich nachbenannt, den Agnes dem Friedrich von Staufen geboren hatte, der aber als höchstens fünfjähriges Kind vor dem Sommer 1102 starb. Die Eltern mochten ihn offenbar nicht, das wird sogar deutlich zu Pergament gebracht. Wie die Geschichte zeigt, hat er, langlebig und zielstrebig, sowohl das Überleben der Dynastie als auch den Aufstieg des Landes durch die Rangerhöhung zum Herzogtum gewährleistet. Doch zunächst hören wir nicht viel von ihm, er verbringt seine jungen Jahre fern vom babenbergischen Hof am Rhein. Leopold dagegen, zum Zeitpunkt des Todes des Vaters

Die fünf jung verstorbenen Töchter von Leopold und Agnes. Klosterneuburger Tafeln des Ladislaus Sunthaym, Tafel V, Initiale N, Detail. Stift Klosterneuburg, Museum.

(15. November 1136) höchstens 28 Jahre alt, war anscheinend der Liebling der Eltern, vielleicht auch nur der Durchschlagskräftigste. Er folgte seinem Vater als Markgraf, ihm wurde im Frühjahr 1139 von dem neuen deutschen König, seinem Halbbruder Konrad, das Herzogtum Bayern verliehen. Allerdings

stieß er dort auf erheblichen Widerstand, schwere Kämpfe und Verwüstungen waren die Folge. Als sich die Lage für Leopold günstiger zu gestalten begann, starb er am 18. Oktober 1141. Er liegt in Heiligenkreuz begraben. Wie bereits erwähnt, sollten verwandtschaftliche Bindungen zu einer Versöhnung zwischen Welfen und Babenbergern und zur Konsolidierung der babenbergischen Herrschaft in Bayern führen. Dieser Versuch scheiterte, Heinrich der Löwe, beim Tod seiner Mutter Gertrud noch minderjährig, meldete später Ansprüche auf Bayern an. Sein Stiefvater Heinrich (Jasomirgott) kämpfte mit wechselndem Erfolg in Bayern weiter, sehr zum Schaden für das Land, ohne sich de facto je voll durchsetzen zu können. Friedrich Barbarossa, Enkel der Agnes, Sohn des Herzogs Friedrich von Schwaben, der 1125 ein ernsthafter Bewerber um die Königskrone gewesen war, und der Welfin Judith, im März 1152 zum König gewählt, auch von Heinrich dem Löwen, suchte von Anfang an nach einem Ausgleich, der politisch sinnvoll und für seine Verwandten annehmbar war.

Nach langen Schwierigkeiten, die hier nicht im einzelnen aufgezählt werden sollen, wurde eine für beide Seiten akzeptable Lösung des langdauernden Konflikts gefunden, eines Konflikts, der militärisch nicht zu entscheiden war: Der Welfe Heinrich erhielt das bayerische Herzogtum, er wurde rasch im Lande anerkannt. Der Babenberger Heinrich aber zog sich auf seine unangefochtene Stellung in der Mark zurück. Hier hätte der Welfe mit denselben Schwierigkeiten rechnen müssen wie der Babenberger im bayerischen Kernland. Die Verselbständigung der Mark durch ihre Umwandlung in ein Herzogtum entsprach daher den realen Verhältnissen. Auf einem Hoftag in der bayerischen Hauptstadt Regensburg erfolgte am Feste Mariä Geburt (8. September) 1156 eine öffentliche Kundmachung der getroffenen Vereinbarungen, am 17. September wurde darüber eine Urkunde ausgestellt, das heute so genannte Privilegium minus. Darin werden überdies dem Babenberger noch besondere, über das für Reichsfürsten Übliche hinausgehende Vorrechte verbrieft. Eines war die Zusicherung der weiblichen Erbfolge als Garantie für die Ansprüche der kleinen Tochter Agnes des Herzogs Heinrich aus seiner zweiten Ehe mit der Byzantinerin Theodora. Söhne hatte das Ehepaar im Jahr 1156 noch keine.

Ohne Zweifel spielten für den Aufstieg der Babenberger in Bayern und die schließlich mit viel Geduld unter Verzicht auf Gewalt gefundene Lösung neben den realen Machtverhältnissen verwandtschaftliche Bindungen eine Rolle: Sie finden im Privilegium minus ihren Ausdruck, wenn Barbarossa von seinem „äußerst geliebten" (dilectissimus) Onkel Heinrich, Herzog von Österreich, und seinem ebenso „geliebten" (karissimus) Neffen Heinrich, Herzog von Sachsen, spricht.

Vermittelt wurde diese Verwandtschaft durch die Person der Agnes, auch war ihr der Aufstieg von Familie und „Land" zu verdanken. Diese Tatsache war dem gelehrten zisterziensischen Historiker Chrysostomus Hanthaler aus Lilienfeld wohl bewußt. Er verfaßte eine Geschichte von Lilienfeld (Fasti Campililienses), der erste Band wurde 1742 gedruckt. In dieser penibel mit Quellen aller Art belegten Arbeit macht der erstaunte Leser die Entdeckung, daß der Autor bisher unbeachtete historische Notizen von Lilienfelder Mönchen aus dem 12. und 13. Jahrhundert verwertet hatte, die er zudem 1742 gesondert veröffentlichte. Diese Notizen enthielten manches interessante, bisher unbekannte Detail zur Geschichte der Babenberger. Es dauerte fast ein Vierteljahrtausend, bis gelehrte Forschung diese Quelle als ein Produkt des Scharfsinns, der historischen Kenntnisse und des Geschichtsbildes ihres „Entdekkers" entlarvte.

Die Akzente, die die Hanthalerschen „Chronisten" Ortilo und Rickard bei Agnes setzten, sind signifikant: Zum Jahr 1139 wird darauf hingewiesen, daß sowohl König Konrad als auch der neue bayerische Herzog Leopold Söhne der Agnes waren, „der äußerst frommen Frau" (piissima femina), die in zweiter Ehe den frommen Markgrafen geheiratet habe. Wie um zu unterstreichen, daß das Privilegium minus der durch Agnes zustande gekommenen staufisch-babenbergischen Verwandtschaft zu verdanken war, ließ er sie erst im Jahr 1157 sterben, nicht ohne abermals die „piissima" dem „pius" gegenüberzustellen.

Den fürstlichen Rang der Familie dokumentieren die Ehepartner der Kinder: Frauen aus den herrschenden Dynastien von Ungarn und Byzanz wurden bereits erwähnt. Die Palette erweitern die Eheverbindungen der Agnes-Töchter: Sie hätten es zu Ehre und Reichtum (honores tempralium rerum) gebracht, heißt es im „Chronicon pii marchionis“, von ihrer „fürstlichen Würdigkeit“ spricht Ladislaus Sunthaym. Darin kommt die Wechselwirkung von Rang und Ansehen der Herkunftsfamilie und der Familie des Mannes gut zum Ausdruck: Der Kreis der Ehemänner reichte von Bayern über Böhmen, Thüringen und Polen bis nach Montferrat und dadurch zum Königreich Jerusalem: Bertha, die älteste, nahm der Burggraf Heinrich von Regensburg zur Frau, Agnes, die zweite, erhielt der Polenherzog Boleslav, Gertrud der Böhmenherzog Wladislaw, der – wie der Klosterneuburger Chronist vermutet – wegen seiner Frau und ihrer edlen Eltern von Kaiser Friedrich zum König gekrönt wurde. Elisabeth erhielt der Graf Hermann von Winzenburg, Judith heiratete der Markgraf Regenger von Montferrat. Alle diese Ehen waren fruchtbar, wie am Beispiel der Gertrud gezeigt werden soll: Zwei Söhne heirateten ungarische Königstöchter, Adalbert, der dritte, wurde Erzbischof von Salzburg, eine Tochter Agnes Äbtissin in St. Georg in Prag. Wird hier nur der Rang der Familien betont, so war es in der späteren Historiographie selbstverständlich, die individuelle Frau mit standestypischen schmückenden Beiwörtern zu versehen.

So charakterisiert etwa der Wiener Jans Enikel in der zweiten Hälfte des 13. Jahrhunderts die Markgräfin Agnes wie folgt[6]:

. . . er [Markgraf Leopold] nam ouch zwâr
ein edel vrouwen gar,
des keisers Heinrîchs tohter;
diu vrowe was aller schanden laer.
si was Agnes genant,
ein schoene vrouwe wol bekant . . .

und wenig später:

Ich tuon ouch von im bekant,
daz der selbe Liupolt genant
ahtzehen erben lie,
den ez allen wol ergie;
die hêt er bî der marcgrâfinnen,
die er mit êren scholde minnen . . .

„Agnes, ain andechtige gotforchtige fürstin“, charakterisiert sie Ladislaus Sunthaym, die Töchter erhalten die Epitheta „ersam, frum, gerade, adelich, weise, andechtig, milt, guetig, seuberlich, zierlich, ernreich, gotzfoerchtig, vernuenfftig, wolgestalt, erbar, tugenthaft".

Die Epitheta enthalten nicht, was als Maximum an positiver Charakteristik an anderer Stelle mehrfach gesagt wird: Fruchtbarkeit. „Mulier fecundissima" (äußerst fruchtbare Frau) nennt sie der Humanist Enea Silvio Piccolomini und spätere Papst Pius II. († 1464) in seiner „Österreichischen Geschichte" (Historia Austrialis), die den Markgrafen zum Vater schöner Nachkommenschaft gemacht habe (quae eum pulchra fecit prole parentem). Diese an den oben zitierten Psalm 126 angelehnte Formulierung übernahm auch Francesco de Pavinis in seine Lobrede anläßlich der Kanonisation des Markgrafen (Defensorium canonisationis). Ähnliches klang bereits früher an, auch der Augustiner-Lesemeister Leopold von Wien und Thomas Ebendorfer, gelehrte Historiker des 14. und 15. Jahrhunderts, heben im Anschluß an Traditionen des 12. Jahrhunderts die bewundernswerte Größe des Nachwuches hervor, allerdings erscheint sie bei ihnen als Lohn für die gottesfürchtige Haltung der Markgräfin.

Unmittelbarer als lange Erklärungen vermittelt der Originaltext des Wiener Domherrn und Hofhistorikers Maximilians I., Ladislaus Sunthaym, die allgemeine Auffassung der Rolle der Frau in der Geschichte:

„Agnes ain andechtige gotforchtige fürstin, herren Heinrichs des dritten und guetigen Römischen kaysers und grafen ze kalw in Swaben gelegen enekel herren heinrichs des vierden Römischen kaysers tochter und herren heinrichs des fünften auch römischen kaysers und herren Conrats Römischen künigs geprüeder swester, herren marquarts des elltern hertzogen zu kerndten und marggrafen zu Steir gemahel fraw liupirgen swester und hern Solomons künigs ze Hungern gemahel fraw Sophien swester, die bestimbtt fraw Agnes ward durch iren vater kayser heinrichenn den vierden vermahelt herren Fridrichen von hohen stauffen und der benant herr Fridrich ward durch den bemelten kayser heinrichen den vierden seinen sweher hertzogen zu swaben gemacht, des vorfordern Rudolff und Berchtold hertzogen zu Swaben ir fürstlichs geseß gehabt haben zu Zürch, und der benant hertzog Fridrich von Swaben het mit der bestimten fraw Agnesen zwen sün Fridrichen hertzogen zu swaben, und Conraten Römischen Künig hertzogen zu Francken. hertzog Fridrichen von Swaben der jünger fraw Agnesen erstgeporner sun hette herren Fridrichen hertzogen zu Swaben der nachmal Rö(mischer) kayser warde genant Barbarossa, und Conraten phaltzgraven bey Rein. und Conrat Römischer künig herzog zu Francken fraw Agnesen ander sun, hete zwen sun, Heinrichen Rö(mischen) künig, und Fridrichen hertzogen zu Swaben. kayser Fridrich der erst genant Barbarossa fraw Agnesen Enekel, hette fünff sün, Heinrichen den sechsten Rö(mischen) kayser zu Nappels und Sicilien hertzogen zu Swaben, Fridrichen hertzogen zu Swaben, Otten grafen zu Bisantz in hochburgund gelegen, Conratten hertzogen zu Swaben, Philippen Römischen künig hertzogen zu Swaben. kayser heinrich der sechst het hern Fridrichen den andern Römischen kayser zu iherusalem, Nappels und Sicilien künigen hertzogen zu Swaben. der het siben sün, drey eelich und vier pastharten: Heinrich der erst eelich sun kayser Fridrichs des andern Römischer künig hertzog zu Swaben, Jordanis der ander eelich sun des obgemelten kayser Fridrichs, der starb in seiner iugent, Conrat Römischer zu Jherusalem Nappels und Sicilien künig hertzog zu Swaben des egenanten kayser Fridrichs dritter eelicher sun, fridrich der erst unelich sun kayser fridrichs obgemelt künig in Tuscia, Ecius künig in Lamparten, der ander uneelich sun des benanten kayser Fridrichs, Heinrich künig in Sardinia, der drit uneelich sun des bestimbten kayserß, Manfredus kunig zu Nappels und Sicilien, der vierd uneelich sun kayser Fridrichs des andern erstgeporner sun hette zwen sün, Fridrichen und Heinrichen, die iünglingsweis verschaiden sein. Conraten Römischer zu Jherusalem Nappels und Sicilien künig hertzog zu Swaben het ainen ainigen sun ganant Conradin hertzog zu Swaben, ain erben der obbestimbten künigreich, warde enthaubt in der stat Nappels von herren Carolo grafen von Proventz und nachmal künig zu Nappels und Sicilien, ain bruder sant Ludwigs künigs zu Franckreich, von wegen der egemelten künigreich seiner vaterlichen erbländer. Er waz der lest hertzog zu Swaben und verschied on erben seines alters bey XVIII iaren und ligt begraben zu Nappels zu den weissen brüedern. Nach hertzog Fridrichs von Swaben des eltern, der obbestimbten fraw Agnesen gemahl tod ward fraw agnes durch iren bruder kayser heynrichen den fünften zum ander mal verheirat sant Lewpolden marggrafen in Österreich und fraw Agnes hett mit sant Lewpolden irem gemahel XVIII kinder . . . und die XVIII waren geswistergit mit herren Fridrichen dem iüngern hertzogen zu Swaben und herren Conratten Römischen künig hertzogen zu francken muterhalben. die drey obgemelten kayser Heinrichen fraw Agnesen Een, vater und prüeder haben gestifft und notdürftigclich begabet drew Clöster in Swaben gelegen: Hirsaw, Reichenpach und Zwifalten, alle drew sant benedicten orden, und die benanten kayser heinrich ligen all drey begraben zu Speir im tumb. hertzog Fridrich von Swaben der elter, fraw Agnesen erster gemahel, hat gestifft zway Clöster in Swaben gelegen, Lorch sant benedicten orden, da hertzog Fridrich und sein geslecht ir begrebnus haben, daz ander Closter genant madelperg, darinn weis münich des orden von premonstrat. fraw Agnes ist gewesen ain mitstifterin baider Clöster zu Closternewburg, den selben sy vil gutes beweiset hat . . .[7]."

Es wimmelt nur so von Kaisern und Klöstern; zudem ist Agnes – entgegen der Realität – auch mit zahlreichen zeitgenössischen Frauen von Rang plötzlich verschwistert: mit der Markgräfin von Steier, mit der Königin von Ungarn . . . Es geht jedoch hier nicht um die Richtigstellung von genealogischen Details, sondern darum, daß Agnes als Individuum durch genealogische Aufstellungen charakterisiert worden ist.

Ihre österreichische Nachkommenschaft ist in der Zeit der genealogischen Forschungen des wissenschaftlich-historischen Kreises um Maximilian I. dargestellt worden. Neu ist die erstmalige Darstellung aller Nachkommen, die früh verstorbenen Kinder, von denen man nichts wußte, eingeschlossen: Zwei Knaben und fünf Mädchen wurden in die Familienbilder einbezogen. Den Anfang machte Ladislaus Sunthaym: In den Klosterneuburger Tafeln sind Nachrichten über jedes Kind mit einer Porträtinitiale eingeleitet. Ein Gesamtfamilienbildnis ist dem Tiroler Humanisten in habsburgischen Diensten, Dr. Johann Fuchsmag († 1510), zu danken. Er hat in Brüssel einen Teppich in Auftrag gegeben und ihn 1499 als Schmuck für sein Grabmal an das Wiener Dorotheerkloster gestiftet. Durch die Darstellung des Stifters in einer mit Votivgaben ausgestatteten Kapelle getrennt, ist (heraldisch) rechts der heilige Markgraf in größerem Maßstab – nimbiert, mit Erzherzogshut, Kirchenmodell und Fünf-Adler-Fahne – vor seinen Söhnen dargestellt,

Wandteppich des Dr. Johann Fuchsmag. Tapisserie, Brüssel, um 1499. Inschrift: Divo Leopoldo Avstrie genio Johannes Fuchsmag doctor dicavit. Zisterzienserkloster Heiligenkreuz, Museum.

Markgräfin Agnes mit einigen Töchtern. Detail des Wandteppichs.

links folgen die Töchter, den Abschluß bildet die Markgräfin mit Kirchenmodell. Über den Frauen die Darstellung der Schleierfindung. Jede(r) einzelne Angehörige der Familie ist in kostbare modische Kleider der Fuchsmag-Zeit gehüllt und durch Wappen persönlich gekennzeichnet. Die Töchter weisen in gevierten Schilden das Wappen „Alt-Österreichs" (Fünf Adler) und das des Ehemannes auf. Agnes allein beansprucht ebenso wie ihr Mann zwei Wappenschilde. Während Leopold durch die Wappen Alt- und Neu-Österreich (Fünf-Adler- und Bindenschild) charakterisiert wird, sind Agnes Reichsadler und Fünf-Adler-Schild zugeordnet. Das staufische Wappen ihres ersten Mannes findet sich zusätzlich noch auf ihrer Darstellung im Babenberger-Stammbaum (siehe Farbbild 7).

Das staufische Wappen im Babenberger-Stammbaum ist ein Novum, der Fünf-Adler-Schild wird sonst nur dem Markgrafen und seinen männlichen Nachkommen zugeordnet, als Schild der Agnes hat allein der Reichsadler Tradition. Er ist in allen Stifterbildern vor der Kanonisation des Markgrafen zu finden und fehlt lediglich in den Klosterneuburger und Heiligenkreuzer Glasscheiben. Fünf-Adler- und Bindenschild, die sich heute neben dem Agnes-marchionissa-Bild in der Klosterneuburger Leopoldskapelle befinden (siehe Farbbild 3), sind erst viel später an diesen Platz gelangt.

Reichs- und Fünf-Adler-Wappen. Codex Claustroneoburgensis 53, fol. 9v, untere Rankenleiste, um 1450. Stift Klosterneuburg, Bibliothek.

Die Frauen führten also das Wappen des Vaters oder des Ehemannes. Obwohl seit dem 13. Jahrhundert auch eigene Wappen für Königinnen, Fürstinnen, Äbtissinnen angefertigt worden sind, mußte man sich zur Charakteristik von hochadeligen Frauen des 12. Jahrhunderts des genannten Mittels bedienen. Frauen waren also nur Trägerinnen des Ranges von Vater oder Ehemann. Was den letzteren betrifft, so waren sie nach Auffassung der Zeit auch nur (Aus)Trägerinnen seiner Kinder, die allein durch den männlichen Samen entstünden; die weibliche Eizelle wurde erst am Beginn des 19. Jahrhunderts entdeckt. Von da her ist die Auffassung von der alleinigen Bedeutung des Vaters für die Sicherung und Gewährung von Nachwuchs durchaus verständlich, zudem entsprach sie den im Mittelalter maßgeblichen alttestamentlichen Auffassungen: Die Verheißung wird dem Adam, dem Abraham und seinem Samen zuteil. Um so auffallender ist also die Tatsache, daß auch die weibliche Fruchtbarkeit gerühmt und mit dem Segen Gottes in Zusammenhang gebracht wurde, daß sie nicht nur das Wirken Gottes, sondern auch die Vorzüge der individuellen Frau unter Beweis stellte. Vielleicht ein Ausdruck der Diskrepanz von theologischer Theorie und erlebter alltäglicher Realität!

Wie dem auch sei, für Hanthaler im 18. Jahrhundert spielten alle genannten Elemente eine Rolle, gipfelten aber in einem hohen Lob für die Persönlichkeit der Agnes, die er den Seligen zugerechnet wissen wollte. Auch für ihn ist die wunderbare Fruchtbarkeit eine Auszeichnung der Frau, darüber hinaus stellt er aber in einer Gesamtcharakteristik fest: Sie war ein Vorbild an Frömmigkeit (pietas), Fruchtbarkeit (foecunditas), Langlebigkeit (longaevitas), ja durch ihr ganzes Leben[8]. Alles das hatte ihr Gottes Gnade geschenkt, weil sie es „durch größere Heiligkeit“ verdiente. Allerdings verzichtete er nicht darauf, auf ihre angeborene „Geblütsheiligkeit“, um diesen Begriff einmal anachronistisch zu gebrauchen, hinzuweisen: Vom erhabensten Haus Habsburg abgesehen, war kein Geschlecht edler als das ihre. Wer konnte schon auf neun Könige bzw. Kaiser als Vorfahren verweisen? Allerdings seien die letzten Sprosse aus der staufischen und der babenbergischen Linie der Agnes gemeinsam zugrunde gegangen: Konradin und Friedrich, der Sohn der Herzogin Gertrud, endeten in Neapel 1268 auf dem Schaffot.

Hanthalers Ausführungen über Eheleben und Schleier werden noch zur Sprache kommen. Bemerkenswert sind seine allgemeinen Ausführungen über die Frau, der er eine von der Bedeutung des heiligen Leopold unabhängige lobende Charakteristik widmet, sie als seliges Vorbild der christlichen Frau schlechthin darstellt: Sie sei Ansporn ihres Mannes zu allen guten Werken, wie etwa den Klosterstiftungen, gewesen, nur durch gemeinsamen Willen und gemeinsames Wirken seien diese zustande gekommen. Auf sie träfe zu, was im „Ecclesiasticus" über eine gute Frau gesagt werde: Eine gute Frau mache den Mann glücklich, er könne sich auf eine doppelte Zahl seiner Jahre freuen und anderes mehr. Alles Volk bezeichne sie, da ihr Mann schon heilig sei, wenigstens als Selige. In der Tat wurde sie etwa auf den Klosterneuburger Leopoldspfennigen stets als beata (selig) genannt. Wie im Leben eines Sinnes, so lägen Markgraf und Markgräfin auch im Grabe Seite an Seite: Kein Wunder, daß beide von denen verehrt würden, die das Grab des Heiligen besuchten. Kein Wunder, daß Hanthalers Marionetten-Annalisten auch den passenden Nekrolog-Eintrag lieferten: „Die Herrin Agnes, Leopolds des Frommen fromme Ehefrau und fruchtbare Mutter beschloß ihr langes Leben durch ein seliges Ende . . . im 81. Lebensjahr." Dieses Alter wurde durch die Verlegung des Todesjahres auf 1157 bedingt. Damit allerdings hatte sich auch die Zeit ihres Witwenstandes wesentlich verlängert, den sie nach Hanthalers Auffassung zu zahlreichen guten Werken genützt haben mußte. Da Nachrichten fehlen, wie er bedauernd zugibt, kann er sich nur vorstellen, daß sie häufig gebetet, vielleicht die Zeit im Kloster verbracht habe, den Klerus verehrt und mit Geschenken bedacht habe, die Armen freigebig beschenkt, die Kranken gepflegt habe, Witwen und Waisen unterstützt, für Verurteilte um Milde gebeten habe. Mit Elisabeth von Thüringen, mit Hedwig von Schlesien verdiente sie in eine Reihe gestellt zu werden. Durch ihr ganzes Leben habe sie ihre Tatkraft (virtus) bewiesen, sei ihre Frömmigkeit (pietas) gestiegen, habe sie Heiligkeit (sanctitas) erreicht: Zu den Sternen sei sie gelangt. Hanthalers Schilderung ist eine der wenigen, die Agnes selbständig als vorbildliche Heilige und Landesmutter mit allen zu seiner Zeit in Rang und Ansehen stehenden Requisiten zeigen, zu denen die Tugenden der pietas und der clementia Austriaca in hervorragender Weise zählten.

Kapitel IV

(Mit)Stifterin von Klöstern

Zeichen der pietas von Fürstinnen ist es, Klöster zu stiften oder karitative Anstalten. Jede der unter die Heiligen gezählten Fürstinnen hat eine solche Tat vorzuweisen.

Wie steht es diesbezüglich nun mit Agnes? Der heilige Markgraf hat Klosterneuburg und Heiligenkreuz neu gegründet, war an der Gründung von Kleinmariazell maßgeblich beteiligt, hat Melk, die Stiftung seiner Ahnen, wesentlich gefördert. So wird es allüberall berichtet. Zwar gibt es für Heiligenkreuz, Kleinmariazell und Klosterneuburg Stiftungsurkunden, doch sind sie in der heute vorliegenden Form ein Jahrzehnt bis ein Jahrhundert später angefertigt worden. In allen dreien wird die Markgräfin erwähnt: Mit ihrer Zustimmung und auf ihre Bitte wird Heiligenkreuz gestiftet, bei der Kleinmariazeller Gründung war sie anwesend, Klosterneuburger Besitz wird von dem Markgrafen gemeinsam mit seiner Frau gestiftet. In einer echten Urkunde des Bischofs Reginbert von Passau aus dem Jahr 1139 für Klosterneuburg ist von Privilegien des Papstes Innozenz II. und des Bischofs Reginmar, Reginberts Vorgänger, die Rede. Aus ihnen gehe hervor, „daß der hochgerühmte Markgraf Leopold und seine geliebte Gattin, die Herrin Agnes, die hochedle Tochter der römischen Könige, die Klosterneuburger Kirche zu Ehren der heiligen Gottesgebärerin Maria von Grund auf errichtet[1]" hätten. Auch in einer kurzen chronikalischen Beschreibung der Stifter aus dem 13. Jahrhundert wird festgestellt: „Im Jahr 1114 wurde die Kirche in Neuburg zu gründen begonnen vom Markgrafen Leopold und seiner Frau Agnes[2]."

Eine Mitstifterin der „beiden Klöster zu Klosterneuburg", d. h. des Männer- und des Frauenklosters, nennt sie 1491 Ladislaus Sunthaym. Von einer Mitstiftertätigkeit bei den anderen Klöstern ist keine Rede. Und in der Tat: In Klosterneuburg wurde ihrer immer als Mitstifterin gedacht. Es wird in Klosterneuburg überliefert, daß schon zur Zeit des Propstes Werner (1168–1186, 1192–1194) am Todestag des Markgrafen eine Armenspende „zum Seelenheil für den Markgrafen, die Markgräfin und ihre Kinder" ausgeteilt wurde. Die Spende umfaßte 500 Brote, zwei Schweine, zwei Rinder, 15 Urnen Wein und ein Pfund (d. h. 240) Pfennige oder Kleidung in diesem Wert. Selbstverständlich wurde auch der Todestag der Markgräfin mit liturgischem Gedenken begangen, doch sind darüber hinausgehende Aktivitäten höchst unwahrscheinlich. In einem im Jahr 1479 von dem Klosterneuburger Kanoniker Johannes Pucher aus Waidhofen vollendeten Missale wurde zu einem Totenoffizium vermerkt: „Dieses officium singen wir für den frommen Markgrafen und die Markgräfin, aber den Tractus ‚Commovisti domine' singen wir nur für den frommen Markgrafen[3]."

Es ist nach dem Gesagten nicht verwunderlich, daß in Klosterneuburg im Mittelalter immer nur das Markgrafen*paar* als Stifter dargestellt worden ist, erst seit der Ideologisierung des heiligen Leopold in der Zeit der Gegenreformation wird er mitunter, aber nicht ausschließlich, allein dargestellt. Dieser Klosterneuburger Brauch der gemeinsamen Darstellung ist singulär, wird nirgendwo anders aufgegriffen.

Dennoch stammt die älteste bildliche Darstellung der Markgräfin nicht aus Klosterneuburg, sondern aus Heiligenkreuz. Das Stifterfenster im Brunnenhaus enthält neben Bildern der Kirchen von Heiligenkreuz und Klosterneuburg Ganzbilder des Markgrafen Leopold, seiner Frau Agnes und seiner Söhne. Während das Bild des Markgrafen die Umschrift „Leopold, Markgraf von Österreich (Austria), Stifter (fundator) dieser Klöster" trägt, lautet die seiner Frau: „Agnes, Gemahlin des Markgrafen Leopold, Tochter des Kaisers Heinrich des Vierten" (Farbbild 1). Langes blondes Haar umrahmt ihr Gesicht – die einzige mittelalterliche Darstellung ohne Schleier –, ein gefütterter goldener Kronreif schmückt es. Über einem moosgrünen Kleid trägt sie einen gelbgefütterten pelzverbrämten roten Mantel. Daß als Prinzip die Darstellung einer einzigen, ausgezeichneten Frau in der Familie männlicher Individuen genügte, wurde bereits erwähnt.

Auch in Klosterneuburg sind die ältesten Darstellungen auf Glasfenstern erhalten. Die Nord- und die Westseite des Kreuzganges wurden nach einem großen Stiftsbrand unter dem Propst Stephan von Sierndorf († 1335) vollendet und um 1330 nach einem einheitlichen Programm verglast. Reste der Verglasung befinden sich heute in der Leopoldskapelle, dem ehemaligen Kapitelsaal. Dank einer barocken Nachzeichnung aus dem Jahr 1749 können wir uns ein Bild von der Anordnung der damals noch vorhandenen Scheiben machen. Es fällt auf, daß das Stifterpaar zweimal dargestellt worden ist, einmal im Maßwerk des nördlichen, dann des westlichen Flügels, jeweils in einer Einheit von drei Personen: Die oberste Maßwerkfüllung in den zehn bekannten Fenstern ist in sieben Fällen Christus und Maria vorbehalten (Maria mit Kind, zweimal Majestas Domini, Kreuzigung, Schmerzensmann, Gnadenstuhl, Marientod), einmal einem Propheten (Nahum), zweimal aber dem Markgrafen Leopold. Unter ihm angeordnet sind im ersten Fall sein ältester Sohn Adalbert, der Klostervogt, und Agnes, im zweiten Fall Herzog Heinrich Jasomirgott und die Markgräfin. Darüber hinaus dürfte kein Mitglied der Familie in das Bildprogramm aufgenommen worden sein. Die im Westflügel dargestellten Personen sind in derselben Anordnung im Kapitelsaal begraben: im mittleren der drei Schachtgräber der Markgraf, Adalbert im linken, die Markgräfin im rechten.

Die Umschriften über den runden Porträtmedaillons drükken jeweils die Beziehung zum Stift aus: „Leopold, der fromme Markgraf, unser Stifter; Markgräfin Agnes, unsere Stifterin; Adalbert, unser Vogt, Sohn des Markgrafen". Leopold hält in der Linken ein Kirchenmodell, das sich nur auf Klosterneuburg beziehen kann, er und Adalbert tragen einen Fürstenhut, in den seitlichen Lappen der die Medaillons umrahmenden Fünfpässe befinden sich jeweils die Wappen Alt- und Neu-Österreich, d. h. Fünf-Adler-Wappen und Bindenschild. Die erstgenannten Wappen zeigen fünf goldene Adler in Schwarz: Es dürfte sich um eine beliebige Vervielfältigung des Reichsadlers als des markgräflichen Amtswappens handeln. Jedenfalls ist dies der erste Bildnachweis für das Fünf-Adler-Wappen, das in der Folge zum persönlichen Wappen des heiligen Markgrafen werden sollte – unter Wechsel der Farbe aufgrund eines in Klosterneuburg befindlichen Stoffes des 13. Jahrhunderts und in Angleichung der Farben an das französische Lilienbanner –, dann zum Wappen des Hauses Österreich und endlich 1804 zum

Benedikt Prill, Fenestrae XVI mirae antiquitatis gothicae superstites in ambitu canoniae Claustro-Neoburgensis (1749), Handschrift. Klosterneuburg, Stiftsbibliothek. Fol. 23: Fenster 9 im Westflügel des Kreuzganges, Detail: drei Rundmedaillons in Fünfpässen mit den Darstellungen des Markgrafen Leopold, seines Sohnes Adalbert und seiner Frau Agnes, darunter in einem Zwickel Propst Pabo von Klosterneuburg (1279–1291). Inschriften: 1. +Lewpold(us) pi(us) marchio fvndat(or) noster. 2. +Adelbert(us) advocat(us) noster fil(ius) marchionis. 3. +Agnes marchionissa fvndatrix nostra. 4. +Pabo preposit(us) +.

Wappen des Landes Österreich unter der Enns (Niederösterreich).

Der Markgräfin ist kein Wappen beigegeben, doch trägt sie über einem roten Samthut eine goldene Krone als Zeichen ihrer königlichen Abkunft, darunter einen Schleier. In der Linken hält sie ein Buch, ihre Kleidung weist die marianischen Farben blau und rot auf: Über einem blauen Kleid trägt sie einen reichen pelzverbrämten roten Mantel.

Ganz anders die Darstellungen im Nordflügel. Unter dem mit den Herrschaftszeichen Fürstenhut und Schwert ausgestatteten „Markgrafen, Gründer des Klosters", der in jeder Hand ein Kirchenmodell hält, wohl Klosterneuburg und Heiligenkreuz, finden sich weitere Stifterdarstellungen: Herzog

Klosterneuburg, ehemaliges Chorfrauenstift St. Maria Magdalena, heute Kardinal-Piffl-Haus, Schiefergarten 1.

Heinrich II., der Stifter des Wiener Schottenklosters, ebenfalls mit Fürstenhut und Schwert, hält das Modell der Schottenkirche in der Linken. Ein Adlerwappen mit sechs Adlern ist ihm beigegeben, ein Hinweis darauf, daß die Zahl der heraldischen Vögel um 1330 noch nicht festgelegt war.

Die in der Umschrift lapidar als „marchionissa" bezeichnete Frauengestalt in einem Dreipaß trägt wie in Heiligenkreuz ein grünes Kleid, doch darüber einen pelzverbrämten blauen Mantel (Farbbild 3). Weißes Gebende und ein einfacher weißer Schleier bilden den einzigen Kopfschmuck. Man hat wegen dieser Schlichtheit in der „marchionissa" auch die erste Frau des Adalbert sehen wollen. Das ist aber aus mehreren Gründen höchst unwahrscheinlich: Der Mann in der Figurengruppe ist nicht Adalbert, sondern Heinrich; weder die Arpadin Sophie noch die Byzantinerin Theodora hätten aufgrund ihrer Herkunft Anlaß für eine schlichte Darstellung geboten; das Kirchenmodell in ihrer Rechten weist die Stifterin aus, ferner auch das ikonographische Programm. Vielleicht hat die Schlichtheit außerdem etwas mit dem Psalmvers zu tun, der in dem aufgeschlagenen Buch zu lesen ist, das die Markgräfin in der Linken hält: „Erbarme Dich meiner, Gott, nach Deiner großen Barmherzigkeit" (Ps. 50, 1–2). Dem Inhalt des Verses nach zu schließen, handelt es sich bei dem Kirchenmodell um das Chorfrauenstift, das der reuigen Sünderin Maria Magdalena geweiht war. Es sind nicht viele Darstellungen erhalten, die Agnes allein als Stifterin zeigen. Wo das aber der Fall ist, wird sie als Stifterin des Chorfrauenstiftes charakterisiert.

Seit den sechziger Jahren des 12. Jahrhunderts sind Nachrichten über Eintritte von Töchtern der benachbarten Grund-

Klosterneuburg in der Mitte des 17. Jahrhunderts von der Donau aus. Ganz links im Bild ist das damals bereits unbenützte Chorfrauenstift zu sehen. Aus: Matthaeus Merian, Topographia Provinciarum Austriacarum Austriae, Styriae, Carinthiae, Carniolae, Tyrolis etc.: Das ist Beschreibung und Abbildung der fürnembsten Stätt und Plätz in den Osterreichischen Landen Vnder und ober-Osterreich etc. Frankfurt a. M. 1649.

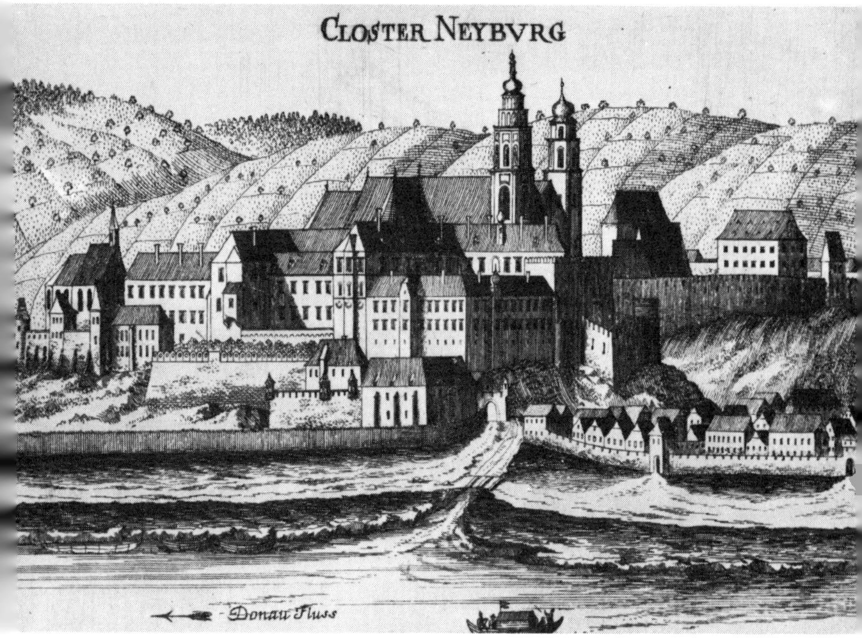

besitzer in das Chorfrauenstift überliefert – sie setzen dessen Bestehen voraus. Da es eher Regel als Ausnahme darstellte, Doppelklöster zu gründen, ist die Annahme nicht von der Hand zu weisen, das Markgrafenpaar habe seine Stiftung für Männer und Frauen vorgesehen, ganz wie Ladislaus Sunthaym vermutet. Die Leitung des Frauenstiftes lag lange völlig in den Händen des Männerkonventes, der nicht nur für geistliche Belange, sondern auch für die Güterverwaltung und die Erziehung der kleinen Mädchen zuständig war. Nie ist in den ersten Jahrhunderten der Name einer Leiterin überliefert, doch dürfte der Andrang groß gewesen sein: 1253 ließ Propst Nikolaus die Aufnahme in das Chorfrauenstift beschränken, 1261 stiftete er ein weiteres Frauenkloster, St. Jakob. Dieses stand bereits 1432 leer, die letzte Chorfrau von St. Maria Magdalena starb 1568. Die Kirche des Chorfrauenstiftes steht heute noch, sie stammt im wesentlichen aus dem 14. Jahrhundert. Heute dient der Bau unterschiedlichen Zwecken, im Untergeschoß befindet sich seit dem 18. Jahrhundert eine Weinpresse.

Die Vermutung, daß in den beiden „Stifter-Fenstern“ einmal die Anfänge des Stiftes und der hier begrabenen Stifter dokumentiert werden sollten, das zweite Mal die Wirksamkeit der Stifterfamilie durch zahlreiche weitere Stiftungen, wird durch das Programm der darunter befindlichen Scheiben gestützt: Den Anfängen korrespondiert das erste Auftreten Jesu unter den Schriftgelehrten sowie ein Wunder an einem einzelnen (Blindenheilung), der Fülle Christi Verklärung sowie die Dämonenaustreibung. Auch die Propstdarstellungen in den Zwikkeln weisen auf die chronologische Entwicklung hin: einmal Propst Pabo († 1293), dann Propst Stephan von Sierndorf († 1335).

Auf die Anfänge weist auch ein kunstvolles Kreuzreliquiar hin, das um 1400, vielleicht auch ein Vierteljahrhundert später, angefertigt worden ist. Ein einfaches, mit kunstlosem Goldfiligran verziertes Kreuzchen könnte mit der „crux maior“, dem größeren Kreuz, identisch sein, auf das anläßlich der Grundsteinlegung der Stiftskirche im Jahr 1114 Schenkungen gemacht wurden. Sobald ein Altar stand, erfolgten die Schenkungen auf diesen Altar, die Kreuzreliquie hat man höchstens noch für auswärtige Rechtshandlungen außer Haus gebracht. Der Fuß des gotischen Reliquiars aus vergoldetem Silber ent-

*Markgräfin Agnes,
Detail vom Fuß
eines Kreuzreliquiars,
nach 1400.
Stift Klosterneuburg,
Schatzkammer.*

hält silberne Tiefschnittreliefs, darunter auch von Leopold und Agnes zu beiden Seiten einer Maria mit Kind.

Etwas älter als diese kostbare und qualitätvolle Arbeit ist eine bisher unbeachtete Federzeichnung aus dem Ende des 14. Jahrhunderts, die zwar künstlerisch nicht bemerkenswert, aber ikonographisch auffallend ist: In einer Klosterneuburger Handschrift, die u. a. einen gereimten lateinischen Wunderkatalog von 1323 sowie eine Abschrift des „Chronicon pii marchionis“ enthält, findet sich auf der dem Beginn des Wundergedichtes gegenüberliegenden Seite eine Darstellung der Stifter der Kirche. Es handelt sich um die älteste Darstellung dieses Typus, der in der Folgezeit weit verbreitet war: Leopold und Agnes halten kniend mit beiden Händen ein Kirchenmodell,

Leopold und Agnes mit einem Kirchenmodell. Codex Claustroneoburgensis 782, fol. 215v, Ende des 14. Jahrhunderts. Stift Klosterneuburg, Bibliothek.

eine etwas phantasievoll vereinfachte Darstellung der Klosterneuburger Stiftskirche mit dem großen Vierungsturm. Beide sind nimbiert: Agnes-Darstellungen mit Nimbus haben Seltenheitswert! Leopold, mit kurzem Spitzbart, trägt den Herzogshut, Agnes Gebende und Schleier. Sie kniet offenbar auf einem Schaffell: Gideons Vlies war seit dem 12. Jahrhundert ein beliebtes Symbol der Jungfräulichkeit Mariens. Zwischen den beiden Stiftern, unterhalb der Kirche, befindet sich ein Kelch, aus dem ein Rosenzweig sprießt. Rosen, in Weiterentwicklung des Symbols vom blühenden Aaronstab, sind ein weiteres marianisches Symbol; der Kelch ist ein Symbol Christi: Maria und Christus ist die Stiftskirche geweiht. Hier wie in der etwa gleichzeitig aufgezeichneten Schleierlegende sind ganz offensichtlich Bezüge Agnes–Maria und Agnes/Maria–Christus (agna – agnus Dei) hergestellt worden.

Eine Abwandlung des Stiftertypus befindet sich unter einer Mariendarstellung: Eine der vier Handschriften, die eine Vorlesung des Dominikanertheologen und Universitätsprofessors Franz von Retz über das Salve Regina enthalten, beginnt mit einer Initiale I(llos), in die zwei Darstellungen übereinander komponiert sind. Während die untere Hälfte den Ordenspatron Augustinus mit Chorherren und Pröpsten zu seinen Füßen zeigt, ist die obere in einem Architekturrahmen in zwei Ebenen gegliedert: Vor einem grüngemusterten Vorhang thront Maria in einem hellroten Kleid, darüber einen blauen, von einer Goldborte eingefaßten Mantel, den Kopf dem nackt auf ihrem Schoß stehenden Kind zugeneigt, das nach einer Frucht greift, die sie ihm mit der Rechten reicht. Ihr langes goldblondes Haar ziert eine mit Perlen und Edelsteinen reich verzierte goldene Krone, darüber ein mit einer Perlenreihe abgeschlossener goldener Nimbus. Ihr zu Füßen kniet mit einem Kirchenmodell in beiden Händen das Stifterpaar, noch zusätzlich gekennzeichnet durch das Fünf-Adler-Wappen Leopolds und den Reichsadler der Agnes. Leopold, mit hermelinverbrämtem Herzogshut, kinnlangem braunem Haar und kurzem Kinnbart, trägt ein langes grünes Festkleid, darüber einen rotgefütterten blauen Mantel mit einem breiten Hermelinkragen. Agnes, in hellrotem Kleid und grünem Mantel, trägt über dem weißen Gebende und dem Schleier, der ihr Haar völlig verhüllt, eine edelsteingeschmückte goldene Krone, sehr kostbar, aber einfacher als die der Maria.

Leopold und Agnes mit Kirchenmodell vor Maria, Gesamtdarstellung der oberen Hälfte der Initiale I(llos). Codex Claustroneoburgensis 53, fol. 1v, um 1460. Stift Klosterneuburg, Bibliothek.

Diese Art der Darstellung – das Stifterpaar mit dem Kirchenmodell zu beiden Seiten vor der Madonna kniend – wurde in jüngerer Zeit wieder aktuell: Edmund Klotz nahm sie als Vorbild für seine Gestaltung des Altares der Leopoldskirche in Donaufeld (21. Wiener Gemeindebezirk), die 1904 bis 1913 erbaut wurde. In der 1907 vollendeten Otto-Wagner-Kirche am Steinhof, die den Heiligen Leopold und Severin geweiht ist, sucht man dagegen vergeblich nach einer Darstellung der Markgräfin.

Doch dies nur in Parenthese. Wenig früher als die Miniatur in der Franz-von-Retz-Handschrift entstand in Klosterneuburg eine Miniatur von völlig anderer Auffassung und Gestaltung. Sie ist schon dadurch bemerkenswert, daß nicht Maria, wie üblicherweise zu erwarten wäre, die Huldigung des Markgrafenpaares und des Konvents entgegennimmt, sondern Christus (Farbbild 5). Durch ein Spruchband, das der Propst Simon vom Turm (1442–1450) kniend in Händen hält, wird die Szene geteilt. Das Band enthält einen Vers aus dem Psalm 24 (Vers 7): „Denke nicht an meiner Jugend Sünden, noch an alle meine Vergehen, erbarme Dich meiner, Gott.“ Die linke Seite der in die Initiale A(d te) komponierten Szene füllt vor einem mit einer Ranke gezierten Hintergrund das Markgrafenpaar aus: voran Markgraf Leopold mit einem Kirchenmodell, mit einem barettartigen Fürstenhut und angetan mit einem blauen Gewand, auf das goldene Adler gestickt sind – der erste Nachweis des Adlerwappens als kennzeichnendes Kleid des Markgrafen! –, hinter ihm schmal und demütig die Markgräfin mit weißem Gebende und Schleier, in ein purpurrotes Brokatkleid gehüllt. Auf der rechten Seite hinter dem knienden Propst der Ordensvater Augustinus, gefolgt von Chorherren mit Buch und Pedum.

Kurz vor und nach der Wende zum 16. Jahrhundert sind – ganz offensichtlich in Zusammenhang mit der Kanonisation Leopolds – mehrere Großplastiken von hohem künstlerischem Rang entstanden, die eine ähnliche ikonographische Gestaltung aufweisen. Den Anfang machen, wahrscheinlich aus Anlaß der Kanonisationsbemühungen um 1470 ausgeführt, die beiden Stifterfiguren, die ursprünglich auf dem Südturm der Stiftskirche, dann in den Nischen zu beiden Seiten des Portals zum barocken Stift standen und sich heute im Lapidarium befinden. Die Agnes aus dem Stifterpaar steht in eleganter Haltung auf einem Sockel, den neben dem Adlerwappen der Bindenschild ziert. Auffallend ist, daß hier der Adler entgegen der Norm nach heraldisch links blickend dargestellt ist. Die Markgräfin rafft mit der Linken ein weitfallendes loses Gewand, über dem sie noch einen Mantel trägt, in der Rechten hält sie ein Kirchenmodell. Ihre kunstvolle Zopffrisur wird von einem Schleier umspielt, dessen Ende lose um die Schulter drapiert ist. Das anmutige Gesicht ist mit einer edelstein- und perlengeschmückten Zackenkrone mit Kreuzbügel, Kugel und Kreuz geschmückt.

Etwa zur gleichen Zeit erhielt der neue Doppelerker der ehemaligen Stiftsschule im „Kuchlhof“, deren Kernbau wahrscheinlich in das 12. Jahrhundert zurückreicht, plastischen Schmuck, darunter Stifterdarstellungen: Die leicht beschädigte (der rechte Arm und die linke Hand fehlen) schmale Statue der Agnes hat trotzdem nichts von ihrer Anmut eingebüßt. Auf

Markgräfin Agnes, Sandsteinplastik vom Südturm der Klosterneuburger Stiftskirche, um 1470. Stift Klosterneuburg, Lapidarium.

einer der Stifterfigur vom Südturm ähnlichen Zopffrisur sitzt ein dem Markgrafenhut verblüffend ähnlicher Fürstinnenhut, von dem rechts ein Schleier herabhängt. Ein seltenes Beispiel, daß eine Frau den (Erz)Herzogshut trägt.

Ein Torso der Markgräfin aus der Zeit um 1500 sowie eine etwa ein Vierteljahrhundert jüngere Sandsteinfigur in schwungvoller „barocker“ Gotik, den Schleier wallend über das lose fallende Haar gelegt, vervollständigen den reichen Fundus an plastischen Darstellungen der Stifterin aus dem Zeitraum von nicht ganz einem halben Jahrhundert. Es ist anzunehmen, daß in jedem Fall ein Gegenstück vorhanden war.

Ein Beispiel von zwei Stifterfiguren aus der Predella eines Altares ist in München erhalten, die von ihnen gehaltene

Detail der Markgräfin Agnes vom Südturm der Stiftskirche.

Stiftskirche fehlt. Die qualitätvollen Schnitzereien dürften zu einem Klosterneuburger Leopoldsaltar gehört haben.

Seit der Mitte des 15. Jahrhunderts jedoch sind Leopold und Agnes kaum mehr mit einer gemeinsamen Kirche dargestellt, von diesem Zeitpunkt an hatte jeder sein eigenes Modell. Das zeigt sich auch in der Miniaturdarstellung, erstmals in den Sunthaym-Tafeln: Da stehen einander, angetan mit allen Zeichen ihrer fürstlichen Majestät, Leopold und Agnes in einer Landschaft als Stifter gegenüber, jeder ein minutiös gestaltetes Kirchenmodell in der Hand, jeder mit ausgewähltem Gefolge (Farbbild 8). Leopold trägt das blaugoldene Adlergewand, darüber einen Purpurmantel, mit Goldborte eingefaßt und mit breitem Hermelinkragen, auf dem Haupt den Erzherzogshut. Agnes dagegen, in einem gelben Kleid, den blauen goldge-

Markgräfin Agnes, Sandsteinplastik aus dem Erker des heutigen Archivgebäudes, „Kuchlhof", vor 1500. Stift Klosterneuburg, Lapidarium.

säumten Mantel mit einer prächtigen goldenen Brosche am Hals geschlossen, trägt über dem kunstvoll drapierten feinen Kopfschleier eine Königskrone mit Kreuzbügel, in deren Gestänge sich ein Schleierende verfangen hat. An Kostbarkeit wird diese Darstellung der Agnes nur von der auf dem gleichzeitigen Babenberger-Stammbaum, dessen wissenschaftliches Programm und Kommentar ja die Sunthaym-Tafeln darstellten, übertroffen: Das Haar von einem feinen, perlen- und edelsteinbesetzten Schleier umfangen, trägt Agnes den schon zum ikonographischen Muß gehörenden dichteren weißen Schleier mit eingewebten Bordüren lose über Haupt und Schulter gelegt. Die kostbare zierliche Bügelkrone zeigt kleine Adler im Reifen. Eine Halbfigur Madonna mit Kind im Strahlenkranz ist Motiv einer Brosche, die das Ende einer dreifachen goldenen Kette

Markgräfin Agnes, Steinplastik, um 1520. Stift Klosterneuburg, Lapidarium.

über der Brust festhält. In der Linken hält die kaiserlich geschmückte Markgräfin ein Zepter als Attribut ihrer königlichen Würde, in der Rechten ein Modell der Stiftskirche (Farbbild 7).

Während von dem kurz vor 1500 fertiggestellten kostbaren Brüsseler Gobelin des Dr. Johann Fuchsmag bereits in anderem Zusammenhang die Rede war, muß auf eine letzte repräsentative, wenn auch weitaus weniger kostbare Darstellung des Paares im Zusammenhang mit der erfolgten Kanonisation des Markgrafen noch kurz eingegangen werden:

Ähnlichkeiten und Ausnahmen zeigen die Ausformungen von ikonographischen Typen in den Titelminiaturen des im Jahr 1513 angelegten Stockurbars des Propstes Georg Hausmannstetter (Farbbild 9). Die Titelminiatur des ersten Bandes zeigt in reichem Rankenrahmen im oberen Drittel in einer

Leopold und Agnes mit Kirchenmodellen. Babenberger-Genealogie des Ladislaus Sunthaym, Klosterneuburger Tafeln (Codex Claustroneoburgensis 130), Tafel V, Initiale A(gnes).

himmlischen Wolkenmandorla die gekrönte Maria mit Kind, auf einer Sichel stehend, darunter vor einem blaugrünen Seidenbrokatvorhang links Agnes, rechts Leopold, in der Mitte ein von beiden gehaltenes originalgetreu wiedergegebenes Modell der Stiftskirche – eine konventionelle Darstellung als Ausnahme, die die Regel bestätigt! –, in der untersten Zone kniet beiderseits des Stiftswappens die Gemeinschaft, links Chorherren, rechts Propst Georg mit Wappen und Pedum. Während Leopold in Typ und Kleidung der Sunthaym-Darstellung genau entspricht – bemerkenswert ist die große Fünf-Adler-Fahne, die wirkungsvoll über sein Haupt ragt und die himmlische und die irdische Zone des Bildes verbindet –, weicht die Agnes-Darstellung wesentlich von der der Sunthaym-Tafeln ab: Über einem roten, dunkel eingefaßten Kleid trägt sie einen weiten blauen, rundum mit Hermelin eingefaßten Mantel mit weiten Ärmeln, in dieser Gewandung der Maria nicht unähnlich, das Haupt kunstvoll von einem weißen Schleier so umhüllt, daß der Hals frei bleibt. Darüber trägt sie eine gezackte goldene Krone mit Kreuzbügeln. Obwohl die Figuren der beiden Stifter gleich groß sind, wirkt durch die Farbgebung und durch Leopolds Fahne die Gestalt des Markgrafen übergroß, während die Markgräfin merklich in den Hintergrund zu treten scheint.

Nach dieser Fülle von qualitätvollen Zeugnissen auch für die Stifterin, die der gesteigerten Auftragslage nach der Heiligsprechung des Markgrafen entsprachen, wird es für mehrere Jahrzehnte still um das Markgrafenpaar, hauptsächlich bedingt durch die Reformation und ihre Auswirkungen auf das Stift und seine Pfarren. Als der rührige Propst Balthasar Polzmann (1584–1596) planmäßig an die Durchsetzung der gegenreformatorischen Bestrebungen ging, hoffte er dies auch mit Hilfe der Wiederbelebung des Leopoldkultes tun zu können. Er verfaßte eine Leopoldbiographie, die erste wissenschaftliche Biographie des Markgrafen, und – er führte die Leopoldspfennige ein, silberne Jetons, die das Stift Klosterneuburg bei bestimmten Anlässen an Pilger und Arme verteilte. Die wertvolleren Medaillen, die seit Beginn des 17. Jahrhunderts bis zum Ende des 18. Jahrhunderts in immer größeren Mengen – für den Kaiserhof wurden auch Exemplare in Gold angefertigt – gegossen wurden, zeigen auf Vorder- und Rückseite Weiterentwicklungen der im 15. Jahrhundert ausgeformten Stifterbilder: Während der Markgraf im allgemeinen nimbiert mit Erzherzogshut, Hermelinmantel, Kirchenmodell und Fünf-Adler-Fahne dargestellt und in einer Kartusche als S(anctus) L(eopoldus) bezeichnet wird, nimmt die Rückseite die B(eata) A(gnes) mit Schleier und Bügelkrone ein, ein Modell des Chorfrauenstiftes in der Rechten, in der Linken ein Zepter, wie bereits im Babenberger-Stammbaum dargestellt. In der Regel finden sich auf dieser Seite noch Infel und Pedum mit den Initialen des Propstes, der die Medaillen ausgab.

Das nun geläufige Bild der beiden herrscherlichen Gestalten mit den Kirchenmodellen setzte vermutlich der kaiserliche

Leopoldspfennig, zweifach vergrößert. Ovale Medaille, Silber, unter Propst Adam Scharrer (1675–1681) gegossen. Vorderseite: hl. Leopold; in der Kartusche S(anctus) L(eopoldus). Stift Klosterneuburg, Münzsammlung.

Leopoldspfennig, Rückseite: Markgräfin Agnes; in der Kartusche B(eata) A(gnes), unter der Infel und dem Pedum A(dam) P(repositus) C(laustroneoburgensis).

Kammermaler Heinrich Müller in großformatige Ölgemälde um: 1619 wurde ein Altarbild für die Schloßkapelle des klosterneuburgischen Ortes Stoitzendorf vollendet (Farbbild 10), das den Markgrafen erstmals mit dem von Erzherzog Maximilian III. gestifteten, fortan als „Landeskrone" verehrten österreichischen Erzherzogshut zeigt, beide jedoch mit originalgetreuen Modellen des Chorherren- bzw. Chorfrauenstiftes, in Mäntel gehüllt, die den in Klosterneuburg aufbewahrten Stoffmustern aus dem 13. Jahrhundert entsprechen, die mittlerweile allgemein als Reste der Originalkleidung des Markgrafenpaares galten. Der Mantel der Markgräfin zeigt ein goldenes Fischmuster auf blauem Grund. Zwei Einzelbilder in Klosterneuburg, wahrscheinlich 1626 vollendet, folgen denselben Gestaltungsprinzipien. Zu dieser Zeit stand das Chorfrauenstift

Markgräfin Agnes mit dem Modell der Chorfrauenkirche St. Maria Magdalena. Heinrich Müller (?), 1626 (?). Stift Klosterneuburg, Museum.

Leopold und Agnes mit Kirchenmodell, Votivbildchen. Inschrift in Anlehnung an die Leopoldspfennige: S(anctus) Leopoldus et B(eata) Agnes. Stift Klosterneuburg, Sammlungen.

bald ein Vierteljahrhundert leer. Die lange Tradition der Darstellung der Markgräfin als Stifterin von St. Maria Magdalena verlor jeden Bezug zur Gegenwart und fand daher ein Ende. Vereinzelt erfolgte wieder die Darstellung mit der gemeinsamen Stiftskirche, vor allem in Andachtsbildchen; die Markgräfin büßte zusehends ihre Stellung als Stifterin in der Ikonographie ein, um so mehr und fast ausschließlich traten Darstellungen der Schleierlegende in den Vordergrund, die in einem eigenen Kapitel behandelt werden.

Gleichsam als Übergang sind zwei Darstellungen der Grundsteinlegung zu nennen, in denen Leopold und Agnes in gleicher Weise als Stifter präsent sind:

In einem Klosterneuburger Rotelbuch aus dem Jahr 1657 befindet sich eine Illustration dieses Themas. Durch den vom Schleier durchflochtenen Holunderbaum getrennt, ist auf der linken Seite das Markgrafenpaar mit Gefolge zu sehen, auf der rechten der erste Propst Otto, der den Grundstein legt. Die abwehrenden Handgebärden deuten die aus dem 12. Jahrhundert überlieferte Episode an, derzufolge sich der Markgraf als Laie unwürdig erklärt hatte, den ersten Stein zu legen, und dies einem Geistlichen, eben dem ersten Propst Otto, überlassen wollte. Eine zweite Darstellung des Themas stammt aus einem dreiteiligen Zyklus über die Anfänge Klosterneuburgs von einem österreichischen Maler um 1700.

Leopold und Agnes bei der Grundsteinlegung für die Stiftskirche durch Propst Otto; im Hintergrund die Burg auf dem Leopoldsberg. Bemerkenswert ist, daß der Mantel der Markgräfin das Adlermuster zeigt, das in der Regel als Charakteristikum des Markgrafen gilt. Aus dem Rotelbuch von 1657. Stift Klosterneuburg, Archiv. Vorlage für einen gleichzeitigen Kupferstich von Johann Martin Lerch, der zur Illustration der Markgrafen-Geschichte von Adam Scharrer (1670) diente.

Leopold und Agnes mit Gefolge bei der Grundsteinlegung für die Stiftskirche, die Propst Otto vornimmt. Unbekannter österreichischer Maler, um 1700 (1714?). Das Bild stammt aus einem Zyklus von drei Gemälden über die Anfänge Klosterneuburgs. Stift Klosterneuburg, Museum.

Im Rotelbuch findet sich u. a. auch eine Darstellung des Markgrafenpaares neben dem Ordensvater Augustinus. Das Ehepaar bringt der Kirchenpatronin Maria Zepter und Krone bzw. Ring und Kranz dar. Diese Darstellung symbolisiert augenfällig die Rollenverteilung des Ehepaares nach einer Auffassung, die sich in Bild und geschriebenem Wort in der Folge durchsetzen sollte: der Herrscher und Heilige hier, die Ehefrau da.

Kapitel V

Die Fesseln der Ehe

Wohl im Zusammenhang mit den Bemühungen um eine Heiligsprechung des Markgrafen Leopold ist um 1357 in Klosterneuburg ein Hymnus an den Lenker und Schöpfer der Welt niedergeschrieben worden: Gott hat auf der Suche nach einem wahrhaft Frommen unter den Menschen den Markgrafen gefunden, der unter den Menschenkindern durch Tugenden aller Art herausglänzte. Der Text des Hymnus im Stil des Magnificat (... prospexit ... cunctos natos mulierum ... aspexitque virum pietatis germine mirum) enthält die Zeile „Hic quamvis magnus pius extiterat velut agnus" (Obwohl mächtig, zeigte er sich fromm wie ein Lamm)[1]. Nur in diesem einen Fall wird der Begriff agnus = Lamm auf den Markgrafen bezogen. Viel häufiger ist das Wortspiel agna/Agnes variiert worden, schon vorgegeben durch die Legende der Agnes von Rom. Doch die Ehefrau kommt in dem Hymnus nicht vor: Gott der Herr hat den Markgrafen reich beschenkt, heißt es weiter, 18 Kinder hat er ihm als Nachkommenschaft gegeben. Die verwendeten grammatikalischen genera legen keineswegs nahe, daß sich darunter auch Töchter befunden haben könnten. Doch ist abschließend auch von einer Braut die Rede, in Variation des sponsus-sponsa-Motivs des Hohelieds: (Kloster)Neuburg, die Braut, möge ihr Antlitz aus dem Staub erheben (vgl. Hiob 11, 15), denn erhöht sei sie durch den Bräutigam, der in ihren Armen ruhe, d. h. in den Mauern des Klosters begraben sei, und dort seine Wunder wirke.

Diese Traditionsrichtung führt konsequent über die Nichterwähnung der Frau zu ihrer negativen Bewertung oder, „positiv" ausgedrückt, zu dem um so größeren Glanz der Heiligkeit des Markgrafen, den selbst die Fesseln der Ehe nicht von einem gottesfürchtigen Lebenswandel abgebracht haben:

„Unter anderen äußerst heilbringenden Beispielen von

Heiligkeit schenkte göttliches Erbarmen auch einen Stern als Licht der Welt, den seligen Leopold, Herrscher von Österreich, auch der fromme Markgraf genannt, angetan mit Unschuld, Weisheit und Gerechtigkeit . . ., durch Güte, Sanftmut und Milde kenntlich, berühmt durch Einfachheit, Mäßigkeit und Freigebigkeit. Seine Integrität, sein heiligmäßiger Lebenswandel, seine Demut, seine Frömmigkeit, sein Glaube stehen bei den Christgläubigen so sehr in Ansehen, daß er bis heute bereits von allen Deutschen als Heiliger verehrt worden ist . . . Dieser Mann wurde in großem Reichtum erzogen, hineingestellt in eine große Freiheit, sündig zu leben, belastet mit den Sorgen des Ehelebens, mit der Erfüllung seiner herrscherlichen Pflichten; dennoch nahm er eifrig die Werke der Frömmigkeit und Barmherzigkeit auf sich: die Müden stärkte er, die Wankenden festigte er, die Gedrückten richtete er auf, die Armen pflegte er. So bewahrte er sich unbefleckt von dieser Welt trotz der Sorgen des Ehelebens, trotz der Gefühle für seine Kinder, trotz der vielfältigen Herrscherpflichten, trotz des Interesses für all diese mühseligen Aufgaben . . .

Die sich den Freuden dieser Welt hingeben, pflegen ihre Sünden mit den Anstrengungen von Eheleben und Sorge für die Familie, mit öffentlicher Tätigkeit oder gar Königsherrschaft zu entschuldigen, mit den Verlockungen und Versuchungen der Welt . . .

Kanonisationsbulle vom 6. Jänner 1485, Detail: Innocentius etc.

Durch das leuchtende Beispiel des edlen Fürsten Leopold, der verheiratet war und in die Sorge um viele Kinder und Untertanen verstrickt, mögen wir uns mahnen lassen, ohne nach einer Entschuldigung zu suchen, so sorgfältig durch das zeitliche Leben zu gehen, uns so geschickt zu verhalten, daß wir das ewige Heil nicht verlieren . . .[2]"

So lauten einige Sätze aus der Bulle Papst Innozenz' VIII. vom 6. Jänner 1485, durch die Markgraf Leopold in die Zahl der Heiligen aufgenommen, sein Kult angeordnet und als sein Festtag der 15. November bestimmt wurde. An diesem Tag wurde allen ein Ablaß gewährt, die sein Grab in Klosterneuburg mit vollen Händen besuchten.

Es befremdet uns heute vielleicht, daß ein erfülltes und glückliches Eheleben offenbar zu den „Sünden und Verlokkungen dieser Welt" gezählt wurde, daß Liebe und Zuneigung zur Ehefrau sich nicht im Tugendkatalog finden. Doch ist in der Bulle nur festgehalten, was damals seit gut zwei Jahrhunderten als kirchliche Ehelehre formuliert war. Charakteristisch dafür ist etwa ein Passus, der um 1416 in einer Leopoldipredigt niedergeschrieben wurde. Diese vielleicht für die Klosterneuburger Chorfrauen verfaßte Predigt enthält in deutscher Übersetzung die wesentlichen Quellen zu Leben und Nachleben des seligen Markgrafen, darunter auch das „Chronicon pii marchionis". Als Erläuterung des Segenswunsches am Schluß: „Wachset und vermehret euch", heißt es darin:

„. . . wann sein chanschaft ist götleich und heilig gewesen vonn den drin gütern, dye dew chanschaft heiligent; si haben pehalten ann ain ander irr trew, wann ir ee si nicht habent zeprochen, noch ains dem andern hat nicht seinen leichnam versagt, ir paider mainung inn dem leiblich werich ist gewesenn nür durch gerben willen und dye selben gerben wolten sew Got ze dinst und der welt ze hilff czyhen und nicht plösleich durch ires leibs glusten willenn, daz ver vonn götleichen chonlewten ist. Auch ist inn ir chanschaft gewesen das sacrament, daz ist unschidikait, wann sy sich nye vonn einander geschaiden habent inn dem leben[3]."

Drei Dinge heiligten also die Ehe: gegenseitige Treue, Vollzug nur um der Nachkommen willen ohne Lust, Unauflöslichkeit.

Solch vorbildliche Heiligkeit der Ehe wurde seit dem

13. Jahrhundert durch Predigt und vor allem durch exemplarische Darstellung von Einzelviten propagiert. Sie galt für beide Geschlechter in gleichem Maß. Als Beispiel dafür ein Satz aus der um 1300 aufgrund der Kanonisationsakten verfaßten Lebensbeschreibung der heiligen Hedwig von Schlesien († 1243), die ihr Leben als Witwe in dem von ihr gegründeten Kloster Trebnitz beschloß:

„Die Dienerin Gottes selbst wurde im zarten Alter von zwölf Jahren mit dem mächtigen Herzog Heinrich von Schlesien und Polen vermählt . . . Sie bemühte sich, durch das heilige Eheband verpflichtet, gemäß der Lehre des Apostels [Paulus] dieses Bündnis in Ehren und ihren Bund in jeder Hinsicht makellos zu bewahren und die Gesetze und Rechte des Ehestandes auf das genaueste zu befolgen. Wohl hoffte sie, durch Kindergebären ihr ewiges Seelenheil sicherzustellen; trotzdem wünschte sie sehr, durch die Keuschheit Gottes Wohlgefallen zu erringen, und verpflichtete sich deshalb mit Zustimmung ihres Gemahls zur Enthaltsamkeit, soweit der Ehestand es erlaubte[4]."

Die Sorge um die Nachkommenschaft war nach einer weitverbreiteten Sicht der einzige Grund, die Ehe nicht in gleicher Weise als Pforte der Hölle zu verdammen, wie das dem Weiblichen in der theologischen Literatur von der Väterzeit über monastisch-patristische Traditionen bis zu scholastischen Definitionen widerfahren ist. Gerne wird in diesem Zusammenhang auf Thomas von Aquins Argumentation verwiesen, die Frau wäre in der Schöpfung eigentlich nicht vorgesehen und notwendig – wenn man sie nicht als Gehilfin zur Sicherstellung des Nachwuchses brauchte. Dieser Überzeugung gab man auch in Vagantenkreisen Ausdruck, wie eine Strophe in einem langen Gedicht gegen die Ehe gut eingängig formuliert:

In adiutorio facta est femina
ut salvet generis humani semina;
in cunctis aliis viro est sarcina
ut semper domini vult esse domina[5].

(Zur Hilfe geschaffen ist die Frau,
daß sie bewahre die Samen des Menschengeschlechtes.
In allem anderen ist sie für den Mann eine Last,
will sie doch immer nur des Herren Herrin sein.)

Ihre Gaben reichen auch zu mehr nicht hin, wenn wir Thomas von Aquin glauben wollen: Schon bei der Erziehung der Kinder steht sie hinter dem Mann zurück; dank seiner überlegenen Geistesgaben taugt er besser als Lehrer; seine Körperstärke verleiht ihm das bessere Durchsetzungsvermögen mittels der in mittelalterlichen Schulen alltäglichen Schläge.

Zu Agnes' Zeiten, im 12. Jahrhundert, hörte und las man von dieser extremen Polarität noch weniger: Herrad von Hohenburg († 1195), die adelige Äbtissin auf dem Odilienberg im Elsaß, zitiert in ihrem „Hortus deliciarum" einen Zeitgenossen der Markgräfin Agnes, den sogenannten Honorius Augustodunensis, der seinerseits Gelesenes über eheliche Pflichten wiedergibt: Die Männer mögen ihre Frauen von ganzem Herzen lieben, ihnen jederzeit die Treue bewahren, in den heiligen Nächten und denen der Fastenzeit Abstinenz üben, ihre Kinder in Zucht und in der Furcht des Herrn erziehen, sie von allem Übel, ganz besonders von Sittenlosigkeit, abhalten. Von den Frauen wird dasselbe verlangt, nur hinzugefügt, sie mögen ihre Männer „fürchten", d. h. ihnen untertan sein, sie als ihre Herren anerkennen.

Soweit die theologische Theorie und damit ein Aspekt, der durch Predigt und zunehmende kirchliche Kontrolle des Ehelebens und vor allem der Ehegerichtsbarkeit im Spätmittelalter zweifellos an Bedeutung gewann und die allgemeine Mentalität beeinflußte; ein Aspekt, der von anderen Voraussetzungen her – der allmählichen Privatisierung der familiären Sphäre – auch das neue bürgerliche Frauenbild bestimmte. Die Welt der Frau ist das Haus, die Geschäfte „draußen" besorgt der Mann: „Der Mann muß hinaus ins feindliche Leben, doch drinnen waltet züchtig die Hausfrau." Die beste Frau ist die, von der man nicht spricht.

Politik ist Männersache. Diese Einstellung mußte naturgemäß auf die weitere Tradition der Geschichte von Leopold und Agnes Einfluß ausüben. Auch die geänderte Idealvorstellung von Herrschaft, die sich in der Zeit des fürstlichen Absolutismus vollzog, spiegelt sich darin. Seit seiner Heiligsprechung und der allmählichen Inanspruchnahme als Symbol für die Herrschaft des Hauses Österreich, d. h. der Familie der Habsburger, wird der Markgraf allein zum Landessymbol. Eine Landesmutter hat daneben keinen Platz. Immer seltener

Leopold und Agnes aus der Predella eines Reliquien-Flügelaltärchens. Holz, mit Goldstoff und Samt überzogen, mit Perlen und Edelsteinen bestickt, um 1500. Stift Klosterneuburg, Schatzkammer.

kommt es zu Darstellungen des Ehepaares Leopold und Agnes; sie finden sich allerdings, der alten Tradition folgend, in Klosterneuburg. Ein letztes, sehr schönes und qualitätvolles Beispiel dafür sind die Bilder des kaiserlichen Kammermalers Heinrich Müller am Beginn des 17. Jahrhunderts. Bilder, die das Paar in der Tracht des zeitgenössischen Hochadels zeigen, mit allen Majestätssymbolen erzherzoglicher bzw. königlicher (kaiserlicher) Würde (vgl. die Abbildungen auf S. 80 ff.), sind Darstellungen auf Einrichtungs- und Kultgegenständen, auf Reliquiaren und Andenkenbildchen. Man hat das Ehepaar auf Chorgittern (1723, 1832) dargestellt, auf ein Hausaltärchen gestickt, auf einer Prunkvitrine verewigt – und nicht zuletzt fehlt die Gemahlin auf keinem der insgesamt drei silbernen

Reliquiensärge mit den Gebeinen des heiligen Leopold. Während wir von dem ersten, der bereits 1526 angesichts der Türkennot eingeschmolzen werden mußte, nur sehr vage Vorstellungen haben, wird von dem zweiten ausdrücklich berichtet, daß auf einer der vier Seiten „sand Leopold mit seinem gemahl und unnser lieben Frauen pildnus" dargestellt war. Dieser 1553 vollendete Schrein, von dem Abbildungen erhalten sind, fiel der Finanznot der Franzosenzeit zum Opfer und mußte 1810 eingeschmolzen werden, ebenso das Gegenstück zu einem Leopoldsreliquiar, ein „prustpilt beatae Agnetis" aus dem dritten Jahrzehnt des 17. Jahrhunderts. Der dritte wurde zur Feier des 800. Todestages des Heiligen im Jahr 1936 auf Anregung und nach dem ikonographischen Programm des Chorherrn Wolfgang Pauker angefertigt, die einzelnen Darstellungen darauf nach ausgewählten Vorbildern von bereits Bekanntem aus verschiedenen Jahrhunderten zusammengestellt.

Während Agnes in dargestellter Erinnerung Klosterneuburg nicht verlassen hat, trat der heilige Leopold einen Siegeszug durch die österreichischen Länder an: Kaiser Leopold I. ließ seinen Namenspatron 1663 zum Patron Österreichs proklamieren – und dieser wird 20 Jahre später nach dem glanzvollen Sieg über die türkische Bedrohung als himmlischer Retter von Haus und Land Österreich gefeiert, er wird fortan zum Garanten der Integrität der habsburgischen Herrschaft. Als „Nothelfer" gegen alle Feinde tritt er dem heiligen Florian an die Seite. Viele Kirchen, nicht zuletzt auch die Leopoldskirche auf dem Kahlenberg, werden ihm geweiht, viele Altäre gestiftet.

Viele der zuletzt gestreiften Aspekte der Rollenverteilung von Mann und Frau finden sich anschaulich in einer Leopoldipredigt des Barnabiten Florentius Schilling. Ausgangspunkt und Kompositionsprinzip bildet das „Wappen des heiligen Leopold", das bereits erwähnte Wappen Alt-Österreich, die fünf Adler. Es wurde damals allerdings als Lerchenwappen gedeutet, seit historiographisch tätige Humanisten, allen voran Johann Cuspinian (Johann Spießheimer aus Schweinfurt, seit 1491 in Wien, † 1529), dieses Wappen auf eine sagenhafte römische Lerchenlegion (Legio X Alaudarum) zurückführten. Die Lerche, lat. alauda, wird etymologisch gedeutet: a-laude bedeutet nicht-ruhmsüchtig und symbolisiert solcherart – unter

Zuhilfenahme der Autorität des Aristoteles – die hervorragenden Eigenschaften des Markgrafen: Wie die Lerche immer nahe dem Boden fliegt, so war Leopolds Demut, wie die Lerche aber hoch in die Lüfte steigt, wenn sie singt, so haben Leopolds Taten ihm zur kultischen Erhöhung verholfen. Doch hören wir einen Ausschnitt aus dem Originaltext der Predigt[6]:

„. . . Weltkündig ist es, was gestalt S. Leopold – demnach er die Regierung dises Lands Oesterreich angetretten – sich mit des Kaysers Henrici IV. Tochter Agnes vermählet und in wehrenden Ehestandt 18 Kinder erzeuget. In erwegung dises wird die Vorwendung etlicher Verheurathen, als wär der Ehestandt der christlichen Vollkommenheit nachtheilig, gantz und gar gefelt. Leopold, mit Lands-Geschäfften beschwert, mit mühesamer Regierung beladen, mit Weib und Kindern verbunden, gelangt zur Vollkommenheit, als wär er ein Antonius in der Wüste, ein Macarius im Kloster, ein Hilarion in der Wildnuß. Wie wird sich dann ein Privatperson ohn Ergernuß entschuldigen, welche in weltlichen Geschäfften und im Ehestandt die Tugend verlohren, wo Leopold die Unschuld gefunden, geübt, erhalten? Die Heiligkeit, mit welcher S. Leopold auch im Ehestand geglantzet, hat manchen bewegt, ihm mit Lob und Ehrntituln zu begegnen . . .“

Was in der Kanonisationsbulle über Ehestand und Heiligkeit als „Trotzdem“ formuliert wurde, wird hier zu einem „Gerade dadurch“. Allerdings kommentiert der Prediger gleich im nächsten Satz weiter den Bullentext: Da erscheint die Ehe wie die Dämonen und die Ungeheuer, die den heiligen Einsiedler und Mönchsvater Antonius und seine Schüler Makarios und Hilarion bedrängten und quälten.

Die zur zweiten „Lerche“ des Wappens geschilderte Szene ist voller Anspielungen auf den Kahlenberg und die Schleierlegende, die im nächsten Kapitel behandelt werden, erfährt aber schließlich eine Deutung im Sinne des antiken und biblischen „Goldenen Zeitalters“ der Urzeit:

„Hie fliegt mir die anderte Lerch zu und zeiget mir die Wohnung und marggräfflichen Pallast unsers heiligen Landtsfürsten Leopoldi. Aristoteles sagt von den Lerchen: Nidum suum aurae patere cupiunt. Die Lerch wohnet und macht ihr Nest in offnen und lufftigen Orth. Und wie Turnerus bezeugt, haltet sie sich gern auff neben den Wasserflüssen. Wann sie sich aber in den Flug begibt und singent in die Höhe schwingt, flieget sie nicht schnurrichtig, sonder ringsherumb; herentgegen fallt sie richtig und schnell herunder wie ein Stein biß auff etliche Klaffter von der Erde, da sie sich sanfftiglich nidersetzt.

Leopoldus hatte seinen Palast und marggräfflichen Sitz am lüfftigen Orth auff dem Berg Cetio, welchen die Oesterreicher Kalenberg, Münsterus aber in seiner Cosmographia Kalberg nennet; neben dem berühmten Wasserfluß der Thonaw. Dorten seynd die gottseeligen Conleut Leopoldus und Agnes auff ein Zeit mit ihrem Lerchenflug der heiligen Gedancken herumb geflogen, in Sonderheit nach der Höhe des Himmels, in Berathschlagung, wie sie die Ehr und Glory der göttlichen Majestät befürdern, wo sie Christo und seiner werthen Mutter ein Tempel erbawen und dero Dienst vermehren möchten. Siehe da schiesset herunder gegenwärtiger Schleyer, so der Wind von dem Haupt der gottseeligen marggräffin Agnes auff dise Holderstaud getragen und S. Leopold im Gejagt uber neun Jahr unverletzt und unverzehrt auß Anleitung des Himmels gefunden.

Mich dunckt, es sey allhie was Esaias vorgesagt, vollzogen worden: Leo et ovis simul morabunter et puer parvulus minabit eos. Es wird die Zeit herzu kommen, daß der Löw und das Schaff oder Lämbel beysammen wohnen werden und ein kleiner Knab wird sie treiben oder führen. Wie auch nit weniger: Habitabit lupus cum agno. Löw und Schaff, Wolff und Lämbel, Leopard und Böcklein. O was ein seltsame und gefährliche Gesellschaft und Beywohnung! Der Leopard starck, das Böcklein schwach; der Wolff wüttend, das Schaff sanfftmütig; der Löw grausamb, das Lämbel holdseelig, wie wird dise widerwertige Thier ein kleiner Knab führen? Auß disem wollen die Hebraeer erzwingen, daß der Messias noch nicht ankommen; alldieweiln nach seiner Ankunfft dise und dergleichen Thier einander nicht mehr schädlich seyn wurden, da doch die Erfahrung mit sich bringt, wie das Böcklein ein Raub des Leopards, das Lämbel dem Wolff ein Speiß, das Schaff dem Löwen ein Aß ist. Es ist war, daß diser Prophet von der Ankunfft Messiae will verstanden werden, doch von den Christglaubigen in der erstlingen Kirch, welche, ob schon einer mit dem Saulo ein Löw oder Wolff gewesen, einig und fridsamb in der Liebe Christi leben und beysammen wohnen wurden.

Aber auff mein vorhaben Leo et agnus et ovis simul morabuntur: Wolt ihr einen Löwen und Lämbel vor Zeiten beysammen gesehen haben? Auff dem Kalberg in dem marggräfflichen Schloß war zu finden Leopoldus der starkmütige Löw und bey ihm das unschuldige Lämbel Agnes, sein Gemahlin. Et puer parvulus minabit eos. Was für ein Knab? Wohin wirdt er sie führen? Liranus antwortet: Christus, qui supra nono capite vocatur parvulus, ducet eos ad voluntatem suam. Den buchstäblichen Sinn setz ich hindan und dolmetsche, daß Christus, welcher ein kleiner Knab vom Propheten genennt wird, den Löwen Leopold und das Lämblein Agnes, durch den Schleyer zu diser Holderstaud geführt und dadurch seinen willen ihnen erkläret, wie sie allda ihre geschöpffte Gedancken wegen Erbawung eines Gotts-Hauß solten werckstellig machen: Leo et ovis simul morabuntur, Christus ducet eos ad voluntatem suam[7]."

Der Vergleich mit der „aurea aetas" führt notwendig zum Vergleich Leopolds mit gefährlichen, aggressiven, bösen Tieren, während Agnes als deren Opfer erscheint. Doch im Vergleich mit den historischen Personen wird der König der Tiere zum starken Beschützer der Schwachen; der Löwe ist Habsburgs Wappentier! Das geschilderte Stärke-Schwäche-Verhältnis entsprach nach allgemeiner Auffassung der „Natur" der Geschlechter, es kennzeichnete die harmonische Ehe. In Schillings Bild erscheint als ihre Frucht Christus, das Kloster.

Seit Jahrhunderten bestand die Tradition, daß fromme Ehepaare „Christus als Erben" einsetzten, ein Kloster stifteten. Diese geistliche Fruchtbarkeit übertraf in kirchlicher Vorstellung die biologische Fruchtbarkeit bei weitem. Dennoch: Hochgeborene und fromme Eheleute haben ganz besondere Pflichten, müssen auf Vorbildwirkung bedacht sein. Und, in der Tat, ein Beispiel frommer und herrscherlicher Pflichterfüllung war die Ehe von Agnes und Leopold. So schildert es der Klosterneuburger Chorherr Adam Scharrer. Er verfaßte eine 1670 gedruckte Biographie der markgräflichen Babenberger, die im wesentlichen auf der Arbeit von Balthasar Polzmann aus dem Ende des 16. Jahrhunderts fußte, aber auch neuere Elemente verarbeitete. So hat er auch Schillings Wüstenväter-Vergleich übernommen und den jungen Markgrafen wie folgt charakterisiert:

„. . . dann fürwar ein wunderseltzames Exempel ist es, in der Höchsten Freyheit zu sündigen die Unschuld zu erhalten, in der hitzigen Fewers-Brunst der üppigen Welt wohnen und die Flammen eines solch brennenden Fewers nicht fühlen oder davon nicht entzünd werden, . . . Jedoch ist der Heilige und wunderthätige Marggraff Leopoldus dißfahls ein wahres Exempel und Beyspiel erfunden worden, dessen Adeliches Gemüth so viel Tugenden geziert, so viel herrliche Gaben der Natur geadelt, welche als ein innerliche Zierde der Seelen so wunderbahrliche Liebswürckung in ihm gehabt, daß er die Anreitzung der Sünd als ein abscheuliche Verwirrung deß Gemüths (so mit Liebkosen pflegt zu schmeicheln) nicht durch die Flucht der Einöden, sondern durch Beständigkeit der Tugend von sich abgelaindt und mit Füssen getretten, ja einer weit höchern Gestalt mit Göttlichen Liebs Flammen war Leopoldus innerlich also entzündet, daß er von den schädlichen Fewer der fleischlichen Begierligkeiten nicht allein gebrennt, sondern so gar keinen Geruch eines Rauchs von diesem Fewer empfunden . . .[8]"

Wesentlich ist für Scharrer jedoch noch anderes: Als Leopold „ein vollkommentlich männliches Alter erreichet, hat er seine Gedancken dahin gewendet, sein Durchleuchtiges Marggraffliches Geschlecht ihm und seinen Underthanen zu Trost gleich seinen Vor-Eltern durch den h(eiligen) Ehstand fortzupflantzen. Und weilen die Vermählung der Potentaten ein Werck von hocher Wichtigkeit, ein sehr reifflichen bedachtswürdige Sach ist, zumahlen ein Fürstliches Haus dadurch entweder zu grosser Macht und Hochheit erhebt oder hingegen in empfindlichen Schaden zu Zeiten auch in mercklichen Untergang gestürtzt kan werden, hat sich S. Leopold neben vorhero wol gepflogenen Rath des Allerdurchleuchtigsten Hauses deß Kayser Heinrichs dißfalls sein vorhabende Vermählung durch das Gebett mit Gott berathen. Dahero ihme aus Schickung Gottes die holdseelige und Tugend liebende Agnes, Kayser Heinrichs deß IIII. Tochter und fünfften Schwester zu einer würdigen Gemahlin und Mit-Regentin zubereittet worden, welche er hernach auß Kayserlicher Ermahnung im Jahr nach der Jungfräwlichen Geburth Mariae 1106 zu seiner Gemahlin geehliget. Nicht daß er den fleischlichen Wollüsten dadurch abwartete, sondern, daß er ihme Erben und Nachkömbling seineß Marggraffenthumb als Handhaber und Beschützer der

Röm. Catholischen Kirchen erzeugete, welches dann dieser beyden von Gott gesegneten Conleuth unglaubige Vollkommenheit ihrer keuschen ehelichen Beywohnung die tugendsame und Gottselige Aufferziehung ihrer Kinder wie nicht weniger die andächtige und freywillige Verpflichtung zu dem Geistlichen Stand und Dienst Gottes ihrer zween Söhn Ottonis und Conradi gnugsam erkläret haben ... Aber der Gemahlin Agnetis nicht zu vergessen, durch dero Schönheit und Tugend-Ruhm St. Leopold bewegt worden, sich mir ihr in Ehe-Verlöbnis einzulassen, ist denckwürdig, daß sie ein Mutter der Königen, ein Anfraw der Kayser gewesen, durch welche beyde alt-berühmte Fürstenthumer Österreich und Schwaben zugleich miteinander biß in das sechste Glied fortgepflantzet worden; dahero obschon Plinius jene Lacedemonische Fürstin nahmens Limpido hochgepriesen, daß sie eines Königs Ehgemahlin, eines Königs Mutter und eines Königs Tochter gewesen, so ist doch ein vil Durchleuchtigere Princessin zu Zeiten Kaysers Heinrich des Vierdten Agnes seine Tochter Leopoldo zu einer Gemahlin vorgesehen und zur Welt gebohren worden; welche da war ein Tochter, ein Schwester, ein Anfraw, ein Kinds-Tochter der Kayser, ein Mutter und Schwester der Königen, ein Weibs-Bildt nicht weniger von Tugend und Schönheit als an Geblüth und Geschlecht ansehnlich."

Auch für die solcherart biologische Fruchtbarkeit wußte man Bibelstellen rühmend anzuführen. Dr. Jakob Mennel, ein Genealoge aus dem Kreis um Maximilian I., in seinem „Geburtsspiegel", einer Sammlung von Biographien der Heiligen und Seligen aus der „Sipp- und Magschaft" seines Auftraggebers: „... so mocht auch diser heylig Leopoldus wol sprechen: mein husfrow ist wie ein fruchtbar weinreb in der seyten meins hauses und meine kind wie die schöss oder zweyg der ölböm in dem gezirckh meins tischs. Nempt war, also wirt gesegnet der mensch, der gott förcht[9]." Er übersetzt damit ein Zitat, mit dem Franz de Pavinis 1484 sein „Defensorium" geschmückt hatte.

Alt- und neutestamentliche Traditionen über Ehe und Familie lagen in Widerstreit, zudem wurden verschiedenen Zuhörergruppen verschiedene Bilder gezeichnet: das Bild der Ehe als Fallstrick für die zölibatäre Geistlichkeit; den Aspekt der positiven Hilfe der Frau betonte man gegenüber der Masse der

2: Babenberger-Genealogie des Ladislaus Sunthaym, um 1490, Klosterneuburger Tafel Va, Initiale A, Detail

1: Vorhergehende Seite: Agnes coniu(n)x Levpoldi marchionis, um 1290, Heiligenkreuz, Brunnenhausverglasung, Detail

3: Agnes marchionissa, um 1330, Klosterneuburg, ehemalige Kreuzgangverglasung, heute Leopoldskapelle

4: Codex 609, fol. 9r, um 1450, Initiale A, Detail, Klosterneuburg

5: Codex 53, fol. 1v, um 1450, Initiale I, Detail, Klosterneuburg

6: Babenberger-Genealogie des Ladislaus Sunthaym, um 1490, Klosterneuburger Tafel Va, Initiale A, Detail

7: Rechte Seite: Babenberger-Stammbaum, rechter Seitenflügel, Detail, Klosterneuburg

8: Babenberger-Genealogie des Ladislaus Sunthaym, um 1490, Klosterneuburger Tafel IIa, Initiale L

Agnes sein tochter keiser
herczog Fridrich vo Schwa

9: Titelminiatur des Urbars 1 des Propstes Georg Hausmannstetter, 1513, Klosterneuburg

10: Heinrich Müller, Altarbild aus der Schloßkapelle Stoitzendorf, Anfang 17. Jahrhundert, Klosterneuburg

11: Folgende Seite: Schleiermonstranz, Johann Baptist Känischbauer, 1714, Klosterneuburg

Gläubigen. In einer volkstümlichen Sammlung von Heiligenleben aus dem Jahr 1726 kommt dieser Aspekt des „behilflich und bestens dienlich Seins“ schön zum Ausdruck:

„Im Weg der Vollkommenheit ware ihm seine Gemahlin Agnes ... nicht verhinderlich, sondern vielmehr behülfflich und beschiedlich. Aus ihr hat er achtzehen Kinder gezeugt ... Obwol diese gottselige Matron also fruchtbar und vom Herrn gesegnet ware, so gabe sie doch in ihrem Stand ein herrliches Beispiel der Keuschheit und aller Tugenden von sich.

Dieweil dann diese beyde Fürstliche Personen dem Dienst Gottes und aller Andacht ergeben waren, bemüheten sie sich mit allen Kräften, daß auch ihre Unterthanen dergleichen thun sollten ...[10]“

Strenger und stärker ins Detail gehend wurden diese Gedanken über 200 Jahre später neu formuliert (vgl. S. 103 f.).

Als sich das romantische Geschichtsinteresse des 19. Jahrhunderts dem Markgrafenpaar zuwandte, war nicht mehr von gemeinsamen Entscheidungen, von gemeinsamer Sorge für die Untertanen die Rede. Agnes wird vielmehr zur dienenden, duldenden Ehefrau, voll Sorge um das leibliche und seelische Wohl des Gemahls. Der bürgerliche Rahmen zahlreicher literarischer Bearbeitungen des Schleier-Themas werden das zur Genüge belegen.

Der gelehrte Wiener Theologe Sebastian Brunner (1814–1893), der später in der kulturkämpferischen Tagespolitik als „österreichischer Görres“ kräftig engagiert war, publizierte 1843 eine Gedichtsammlung unter dem Titel „Der Babenberger Ehrenpreis“. Mehrere Gedichte sind dem Leben und der Zeit Leopolds gewidmet. Im „Ehrenpreis des heiligen Leopold“ wird seine Gemahlin nicht erwähnt, im „Tod des Gerechten“ finden deren Gefühle Platz, zu Wort kommt sie allerdings nicht. Leiden und Lieben, möglichst wortlos, aber gefühlvoll, beherrscht weithin das literarische Frauenklischee im 19. Jahrhundert. Dieses Klischee spiegelt sich eindrucksvoll in der Gegenüberstellung der genannten Gedichte[11]:

Ehrenpreis des heiligen Leopold.

Das Leben des Gerechten
Ist eine Blüthenzeit,
Es ist ein Lob, gesungen
Zu Gottes Herrlichkeit,
Es ist ein Stamm der blühet
Und prangt voll goldner Früchte,
Die durch das Laubwerk leuchten
Mit glühem Angesichte.

Das Leben eines Fürsten
Der seinen Gott erkennt
Ist eine helle Ampel,
Die in dem Lande brennt,
Und die es hell erleuchtet
Als wie des Tempels Hallen,
Und die das Volk ermahnet
Im Lichte froh zu wallen;

Es ist ein Lebenshauchen,
Es ist ein Frühlingswehn,
Das allen Blumen rufet
Sie sollen auferstehn,
Das ehret alles Rechte
Und schützt der Tugend Walten
Auf daß sie gleich der Blüthe
Sich freudig kann entfalten.

So war das Leben Luitpolds
Des Fürsten hochgeehrt,
Der sich als treuer Wächter
Des Landes hat bewährt,
Zu dem der Vorsicht Gnade
Ihn einmal ausersehen
Und das er hat betrachtet
Als Gottes heilig Lehen.

Sein Arm war stark und mächtig
Und zeigte Widerstand,
Als Feinde einst gedrungen
Verheerend in sein Land;

Doch ist er auch gewesen
Der Freund von allen Armen
Es war die Frucht der Liebe –
Die Blüthe das Erbarmen.

Es war sein stilles Leben
Dem Volke ganz geweiht,
Das ihn durch Lieb und Treue
Recht inniglich erfreut;
Es waren Friedenspalmen
Als wie ein grüner Bogen,
Und wie ein schattig Laubdach
Um seinen Thron gezogen.

Die Witwen und die Waisen
Die nannten Vater ihn,
So wie es wohl verdienet
Sein liebereicher Sinn;
Er hat das Volk umschlungen
Mit seiner Liebe Banden;
Sein Ruf, der war erschollen
In allen deutschen Landen.

Als ihn der Rath der Fürsten
Erwählt zum Kaiserthum,
Bezeigt er, wie sein Streben
Nicht Ehre sei und Ruhm,
Er bath in Demuth dringend,
Auf daß man ihn verschone,
Sein Oestreich war ihm werther
Als eine Kaiserkrone.

Man gab ihm Ehrennamen
Man nannt' ihn gut und mild,
Und Vater aller Armen
Und jeder Tugend Bild;
Und wie er's hat verdienet,
Das zeigt in voller Klarheit
Der Spiegel der Geschichte
Entflohner Zeiten Wahrheit.

Und weil sein ganzes Leben
Im Segen sich ergoß,
So kann man ihn wohl nennen
Mit allem Rechte: groß;
Denn der ist größer, welcher
Für Andre hat gelebet,
Als jener, der für sich nur
Nach Ruhm und Ehre strebet.

Es nahm ihn auf die Kirche
In der Erwählten Schaar,
Weil tadelfrei sein Wandel,
Sein Leben heilig war;
Und weil mit jenem Pfunde,
Das er vom Herrn erhalten,
Er nach dem Wahren strebte
Und treulich hausgehalten.

Der Tod des Gerechten.

Herbstliche Nebelwolken umschlingen
Gleich einem düsteren Trauerflor
Des Kahlenbergs Haupt, und matt nur dringen
Die leuchtenden Zinnen des Schlosses hervor.

Im Schlosse, da lieget krank darnieder
Der fromme Markgraf Leopold,
Die Morgenröthe die strahlet wieder
Auf bleichem Antlitz ihr rosig Gold;

Und seine Treuen, die stehen im Kreise,
Sie haben sich um sein Lager gereiht,
Sie fragen besorgt und fragen leise:
„Wie geht es dem guten Markgrafen heut?"

Und Agnes, die nimmet ein Tuch zu Handen
Und drücket schluchzend ihr Antlitz hinein; –
Die Edlen, die haben es wohl verstanden,
Was das für eine Antwort mag sein.

Und Seufzer entfliehn ihrem kummervollen
Herzen, und ihrer bedrängten Brust,
Und aus ihren Augen sind Zähren gequollen
Der Qualen Erleichtrung, der Leidenden Lust.

Im Dulden, da ist eine Schönheit und Würde
Die nimmer zu suchen bei heiterem Sinn,
Liegt auf einem Haupte der Schmerzen Bürde,
Sieht man die Lust von dem Antlitze fliehn,

Und haben sich gleich einem Kranze geschlungen,
Die Blätter der Schmerzen, die Blüthen der Wehn,
So daß sich den Augen die Zähre entrungen,
Dann magst Du die Schönheit des Duldens sehn.

Der Fürst liegt im Sterben, die glühen Wangen
Zeigen den Kampf – sein Auge bricht;
Wohl ist es vom Schatten des Todes umfangen,
Doch dämmert dem Geiste das ewige Licht.

Er liegt wie bewußtlos, aus seinem Munde
Da sprosset kein Wort, kein Schmerzenshauch,
Als innerer Leiden offene Kunde,
Die blühn wie ein herbstlicher Dornenstrauch.

Da steiget die Sonne aus rosigen Fluthen
Der Morgendämmerung leuchtend herauf,
Zerreißet den Nebel, und gießt ihre Gluthen
In's Krankengemach, und der Fürst wachet auf:

„Nun sei mir gegrüßet," so hat er gesprochen
„Du heiliges, himmlisches Morgenroth,
Du ewiger Tag der mir angebrochen,
Nach zeitlicher Nacht, nach des Leibes Tod!

„Leb wohl, o Agnes, stille die Klagen,
Lebt wohl, ihr Söhne und Töchter all,
Ihr Edle auch, die mit mir getragen
Die Sehnsucht nach Rechtem, die heilige Qual;

„Es ströme auf Euch mein Vatersegen
Er ströme über das ganze Land,
Deß friedliches Blühn, in freudigem Regen
Und überströmend mein Herz empfand.

„Lebt wohl, es gehe mit mir zum Gerichte
Des Herren, geleitend Euer Gebet,
Und denket, daß vor seinem Angesichte
Selbst der Gerechte mit Zittern steht.

„Ich lege nun meine Fürstenkrone
Zurück in die Hand, die sie huldvoll mir gab,
Es führen die letzten Stufen vom Throne
Mein morsch Gebein in die Gruft hinab;

„Mein Geist geht hin, um im Lichte zu schauen
Die Wunder des Herrn, dem ich immer getreu;
Schon fühl ich der Ewigkeit Morgengrauen,
Schon hebet mein Geist sich fesselfrei!“

Es faltet der Markgraf die Hände zusammen
Zu seinem innigen letzten Gebet;
Es haben der Sonne glühende Flammen
Den Schleier der Nebel vom Berge geweht; –

Da lasset sein Auge die letzten Strahlen
Der scheidenden Seele über sein Land,
Als wie zum Abschied darüber wallen –
Und frei wird sein Geist vom Staubesgewand.

Ein weiteres Gedicht, „Leopolds Begräbnis“, wird zu einer Schilderung von Männertrauer: Ritter und Klerisei folgen dem Sarg, das Volk betet. Die Witwe bleibt unsichtbar. Es geht um die Bedeutung des Markgrafen für die Öffentlichkeit:

Und des Gerechten Wirken und Weben
Ist mit seinem Tode verloschen nicht,
Die Kirche hat ihn als Muster gegeben
Zu folgen der Gnade, dem geistigen Licht[12].

Die Kirche hat ihn als Muster gegeben . . . In einem Vorbetbuch für katholische Volksandachten wird vor 100 Jahren formuliert:

„O Gott, der Du den heiligen Leopold von dem Fürstenthume und den zeitlichen Sorgen unbefleckt in das himmlische Reich geführet hast, verleihe uns gnädiglich, daß wir durch Deine unendliche Güte so unsere zeitlichen Geschäfte vollfüh-

ren, daß wir nach Vollendung derselben des ewigen Lebens theilhaftig zu werden verdienen mögen . . .[13]",
und in der Litanei derselben Andacht stehen die Anrufungen:

Du hell leuchtendes Vorbild für christliche Hausväter . . .
Du Spiegel der ehelichen Ehrbarkeit und Liebe . . .,

und die Bitte:

Daß wir den gefährlichen Weltfreuden gerne entsagen mögen . . .[14]

Während der Text der Andacht sich eng an den der Kanonisationsbulle hält, findet sich in einer gleichzeitigen hagiographischen Formulierung der hier zugrunde liegenden Gedanken die Ehefrau wieder:

„Nach seines Vaters Tod trat er [Leopold], neunzehn Jahre alt, als Markgraf die Regierung Österreichs an. Wie einst König Salomo, bat auch er Gott den Herrn um Weisheit, damit er sein Volk mit Gerechtigkeit und im Frieden zur Ehre des Allerhöchsten regieren könne, und der Herr verlieh ihm auch, um was er gebeten. Obwohl noch jung an Jahren, erkannte er doch, daß das Wohl und Wehe eines Volkes von der treuen Übung der heiligen Religion abhänge. Auch ein mächtiges, reiches Volk muß ohne Religion zu Grunde gehen. Er richtete daher vor allem sein Augenmerk auf Belebung des echt christlichen Sinnes und Wandels unter seinen Unterthanen. Zu seiner Zeit herrschte noch große Unwissenheit, und deshalb auch Aberglauben und Sittenverderbnis unter den deutschen Völkern. Er suchte durch die Berufung frommer Priester die Kenntnis des Christentums zu verbreiten und durch Erbauung neuer und Herstellung der alten Kirchen den heiligen Gottesdienst zu heben. Außer dem Kloster Neuburg stiftete er auch das Cisterzienserkloster zum heiligen Kreuz. Die eifrigen Priester ehrte und liebte er und unterstützte sie mit sorgenfreiem Einkommen. Die Klöster wurden Pflanzschulen vieler gelehrter und seeleneifriger Priester, und der gute Markgraf freute sich der herrlichen Früchte, die er allmählich unter seinem noch rohen Volke heranreifen sah.

Da er aber wußte, daß das gute Beispiel mehr vermöge als alle Worte und Befehle, und daß ihn Gott nicht auf den Thron erhoben habe, damit er sich wohl sein lasse und von dem Fette seiner Unterthanen zehre, sondern daß er ihnen ein gerechter

Herr und ein gütiger Vater sei, so führte er mit seiner frommen Gemahlin Agnes, einer Tochter des Kaisers Heinrich IV., ein musterhaftes Leben. Er lebte mit ihr in treuer Liebe und Eintracht und zeugte mit ihr achtzehn Kinder; zwei Söhne davon wurden berühmte Bischöfe. Miteinander lasen sie die heilige Schrift, miteinander standen sie zur Nachtzeit auf, um zu beten, miteinander wohnten sie dem heiligsten Opfer bei. Ihre Kinder erzogen sie in der Furcht des Herrn, gewöhnten sie an Gehorsam und pflanzten ihnen innige Liebe zu den Armen und Niedrigen ins Herz. Hierin ging ihnen Leopold mit dem schönsten Beispiele voran. Jeder Mensch, auch der ärmste und gemeinste Taglöhner, hatte Zutritt bei ihm. Die Schloßwache durfte niemanden abweisen; selbst wenn er bei einer unschuldigen Unterhaltung war, entfernte er sich ohne Unwillen, um die Anliegen und Bitten der Bedrängten zu hören. Witwen und Waisen fanden an ihm einen Vater. Die Hungrigen bekamen Speise aus seiner Küche, die Nackten wurden bekleidet, selbst die Kranken suchte er heim, tröstete liebevoll und unterstützte sie mit Almosen. Man nannte ihn nur den Vater der Armen. Gerechtigkeit ging ihm über alles. Er gab sich alle Mühe, daß jedem seiner Unterthanen schnelle und volle Gerechtigkeit werde. Sein gutes Herz war sehr zur Milde und Nachsicht geneigt; es that ihm wehe, strafen zu müssen. Mußte er doch strafen, dann suchte er den Schuldigen zuvor zur Einsicht zu bringen, daß seine Strafe gerecht sei. Er duldete keinen eigennützigen Beamten an seinem Hofe; nur einsichtsvolle und gutgesinnte Männer durften ihm dienen. In seiner Wohnung herrschte Einfachheit und keusche Sitte. Lärmende Lustbarkeiten, Schaugepränge und üppige Feste, wie sie an den Höfen der Fürsten stattfinden, waren ihm verhaßt. Am liebsten weilte er in der Kirche und unter den Geistlichen, die er als Stellvertreter Gottes hoch in Ehren hielt. Er strafte strenge alle, die einem Geistlichen Unbilden zufügten. Seine Dienerschaft hatte an ihm einen gütigen, aber auch wachsamen Herrn. Nichts Unsittliches duldete er an ihnen. Seine ganze Hofhaltung war ein Muster keuscher Zucht und christlichen Lebens[15]."

In diesen Texten, die zur Erbauung und Vorbildwirkung für die Masse der Gläubigen geschrieben und gepredigt worden sind, konnte auf die Schilderung der vorbildlichen Ehefrau nicht verzichtet werden. Damals wie heute werden mehr

Frauen als Männer unter den andächtigen Kirchgängern zu finden gewesen sein, werden mehr Frauen als Männer fromme Geschichten gelesen haben. Ihnen mußte man einfach ein Identifikationsmuster anbieten. Daß es im Sinne der dienenden Hilfe gestaltet war, entsprach den zeitgenössischen Anschauungen über die Rollenverteilung unter den Geschlechtern. Daß solche Texte sie zudem legitimierten und für die ungebrochene weitere Tradition sorgten, war sicher nicht unbeabsichtigt. In gewisser Weise machte man die Ehefrau sogar für das gesellschaftliche Wohlverhalten des Mannes, für seine Karriere verantwortlich.

Kapitel VI

Schleier und Baum

Ungefähr 300 Jahre, nachdem Agnes das Licht der Welt erblickt hatte, wurde in Klosterneuburg in lateinischer Sprache folgendes aufgezeichnet:

„Leopold, Markgraf von Österreich seligen Angedenkens, regierte fromm, gerecht und mit allen guten Eigenschaften eines tüchtigen Herrschers; deshalb schenkte ihm der allmächtige Gott eine gleichgesinnte Ehefrau, Agnes, die Tochter Kaiser Heinrich IV. So, wie sie ein Fleisch geworden waren, suchten sie einmütig den Willen Gottes zu erfüllen: Sie beschlossen zur Ehre Gottes und zu ihrem Seelenheil eine Kirche zu errichten und auszustatten und wünschten sich, durch ein göttliches Zeichen den Ort kennenzulernen, der Gott für die Errichtung einer Kirche gefällig war. Da erhob sich bei ruhigem und freundlichem Wetter ein starker Wind und entführte mit einem heftigen Stoß den Schleier vom Haupte der Agnes in weite Ferne. Neun Jahre vergingen, da fand der Markgraf auf der Jagd den damals seiner Frau vom Haupt gerissenen Schleier vollständig unversehrt auf einem Strauch (nach einem späteren Zusatz: Hollerstrauch). Das – so war er sicher – war der durch ein göttliches Zeichen bestimmte Platz für die Kirchengründung und er ließ ihn für einen Kirchenbau herrichten – hier steht heute die Kirche von Klosterneuburg, in der Regularkanoniker den Gottesdienst versehen[1]."

Der soeben zum Propst gewählte Koloman von Laa hatte diesen Text 1371 in eine Handschrift aufnehmen lassen, die u. a. auch ein Martyrolog und eine Augustinusregel samt Kommentar enthielt. 1416 wurde er in deutscher Übersetzung in eine zu einer Predigt zusammengefaßten Sammlung von Quellen über den seligen Leopold aufgenommen. Dieser Text stellt die älteste Überlieferung der Klosterneuburger Schleierlegende dar, der viel größere Wirkung beschieden war als den Lebenszeugnissen der Agnes.

Um es gleich vorwegzunehmen: Wir haben damit eine magisch-symbolische Interpretation der Klosterneuburger Gründungsgeschichte vor uns. Diese „Bedeutungsgeschichte“ tritt neben die „Ereignisgeschichte“; nur sie hat größere Breitenwirkung. Dazu kommt, daß sie im Laufe der Zeit nicht nur Symbolwert für die Gründung Klosterneuburgs erhielt, sondern auch für das Haus Österreich, für Österreich schlechthin.

Dieser Aspekt wurde zuletzt in einer „Agneslegende“ aktualisiert, die aus Anlaß des Jubiläums 1985 entstand:

(Agnes:)
... Im Schleier verwoben der Hochzeit Eid,
das heilige Zeichen der Einigkeit.
Ist das Zeichen der Einheit verloren,
was wird diesem Volke geschehn?
Oh, säh' ich den Schleier wieder!
Ach wenn ich das nicht vermag,
dann wird diesem Lande, oh Wehe,
zur blutigen Nacht der Tag!
...
(Leopold:)
Wie freut mich dieses Fundes Zeichen,
es kommt von Gott, verspricht so viel,
verspricht der Völker Händereichen ...[2]

Bevor wir uns der in dieser Geschichte enthaltenen allgemeinen Symbolik zuwenden, ein Blick auf konkrete Anhaltspunkte, die die Entstehung der Legende gefördert haben könnten. In Klosterneuburg gibt es zwei „Realien“, die dort immer besonders geschätzt worden sind und in unserem Zusammenhang eine Rolle spielen: der siebenarmige Leuchter und der Schleier.

Der siebenarmige ursprünglich vergoldete Bronzeleuchter in Baumform dürfte um 1100 in Verona gegossen worden sein. Viereinhalb Meter groß, ist ein Chorleuchter dieser Art sehr selten erhalten geblieben. Dieser ist das älteste Beispiel in Baumform, eine Abwandlung der alttestamentlichen, mosaischen Menorah. Die Baumform versinnbildlicht zugleich die Wurzel Jesse, d. h. den Stammbaum Christi, die sieben Lichter die sieben Gaben des heiligen Geistes. Der Leuchter hatte einen Holzkern, der später allgemein als Sambucus = Holler-

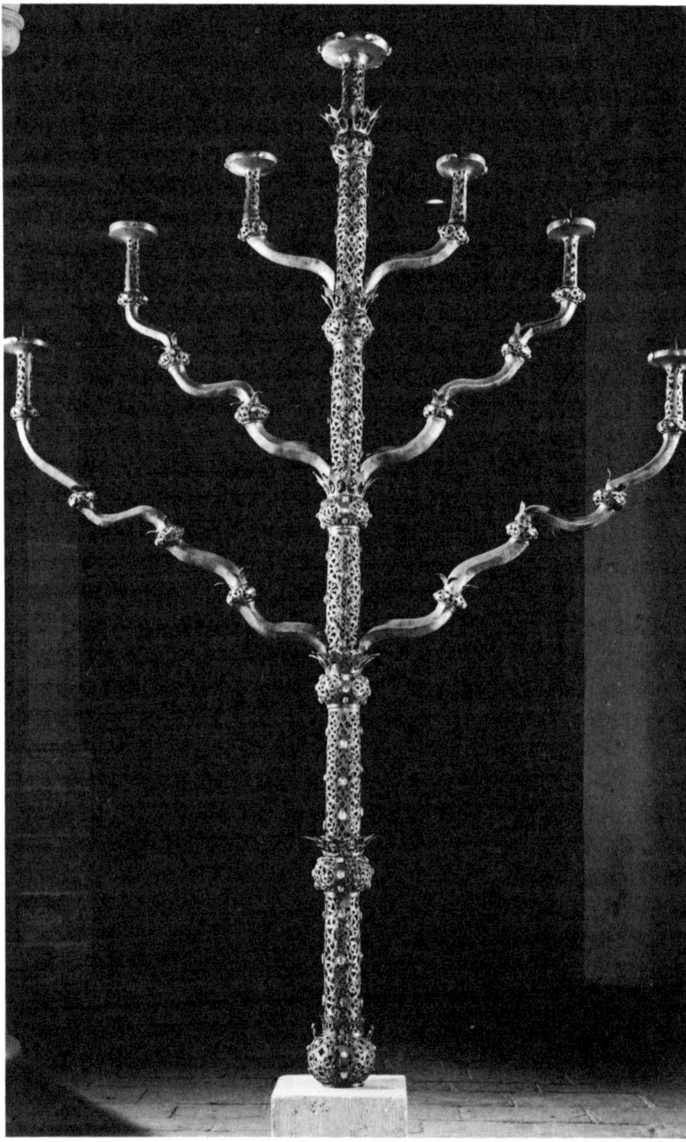

Siebenarmiger Baumleuchter, Bronze, ehem. vergoldet, 4,5 m hoch, Verona, Anfang 12. Jahrhundert. Klosterneuburg, Kreuzgang, ehemaliges Brunnenhaus.

strauch bezeichnet worden ist; vielleicht bestand der alte Kern tatsächlich aus Holunderholz. Heute wird in den Stiftssammlungen ein Stück Holz aufbewahrt, das von dem Hollerstrauch der Sage stammen soll, nach neueren Untersuchungen aber nicht älter als drei- bis vierhundert Jahre ist.

In der heutigen barocken Kirche ist ein Stein mit der Inschrift saMbVCI in den Boden eingelassen. Er bezeichnet die sagenhafte Stelle des Hollerbaumes. Das Chronogramm ergibt das Datum 1106, also das Jahr des Schleierverlustes, nicht der Auffindung.

Der Leuchter gehört zweifellos zur Gründungsausstattung der Klosterkirche. Ob er nun zur kostbaren „Aussteuer" der Agnes gezählt hat oder von dem Babenberger direkt in Auftrag gegeben worden ist, läßt sich schwer entscheiden. Für die erste Möglichkeit sprechen die staufischen Beziehungen nach Verona und eine rege Bronzegußtätigkeit im deutschen Westen, für die zweite die Tatsache, daß „Latini", also Leute aus Italien, am Klosterneuburger Bau beteiligt waren. Wir können festhalten, daß eine Baum- bzw. Marien-und-Christussymbolik bereits zur Gründungszeit in Klosterneuburg präsent war.

Ein Leuchter (lat. candelabrum) wurde seit dem ausgehenden 11. Jahrhundert als Sinnbild Mariae gedeutet, während die vom Leuchter getragene Kerze Christus bedeutete. Um dieselbe Zeit erfolgte auch die Ausformung der Symbolik Mariae als „Sitz der Weisheit" (sedes sapientiae), als „Thron (= Schoß) des Großen Königs und Lammes (agnus)", die z. B. in der Malerei der Gurker Westempore zum Ausdruck kommt. Dort umgeben das Haupt Mariae symbolisch die sieben Gaben des heiligen Geistes.

Zwei Baumdarstellungen galten im Hochmittelalter im besonderen als Symbole der Jungfräulichkeit Mariae: der blühende Aaronstab und der brennende Dornbusch. Alle diese Elemente könnten in der Legende verdichtet worden sein. Dazu kommt noch eine botanische Realität: Es gibt in Klosterneuburg eine besondere Sorte Holler, die zur Verbesserung des Weines sogar gezüchtet wird. Der Hollerbaum war ursprünglich in unseren Gegenden nicht heimisch, er wurde durch Kreuzfahrer aus dem Orient mitgebracht. Der Holler blüht weiß, ein blühender Baum wirkt in der Tat wie von einem Schleier überzogen. In der Zeit der Hollerblüte, am 15. Juni, erfolgte die Grundsteinlegung der Klosterneuburger Stiftskirche. Die Auffindung des Schleiers allerdings wurde seit der Barockzeit zunehmend in den Herbst verlegt, um eine Übereinstimmung mit der Jagdzeit zu erreichen.

Seit Holler etymologisch von Holda, der germanischen Göttin des häuslichen Herdes abgeleitet wurde, hat man den „Hollerstrauch“ mit einem der Holda geweihten Baum in Verbindung gebracht. Holda lebt in der Frau Holle weiter; die von ihr geschüttelten Federn = Schneeflocken (= Schleier) sind jedem Kind geläufig. Nach einigen in dieser Richtung angestellten Vermutungen hätte sich an der Stelle der heutigen Stiftskirche ein altes heidnisches Baumheiligtum befunden, das christlich umbaut worden wäre. Eine solche Vorstellung ist durch die neuerdings ergrabenen Vorgängerbauten widerlegt.

Wesentlich erscheint die marianische Symbolik des Baumwunders: Ein Baum blüht entweder mitten im Winter oder wird mitten im Sommer beschneit. Ein Beispiel für die erste Vorstellung ist in der Gründungslegende von Zwettl enthalten – heute noch steht der barocke Hochaltar vor einem kunstvoll gestalteten Baum. Ein Beispiel für die zweite bietet die Gründungslegende von S. Maria Maggiore in Rom, eine der vier Stationskirchen: In der Nacht vom 4. auf den 5. August, mitten in der heißesten Jahreszeit, habe die Mutter Gottes auf ein Stück Boden auf dem Esquilin Schnee fallen lassen. Durch einen gleichzeitigen Traum sollen der Papst und alle weiteren beteiligten Personen davon Mitteilung erhalten haben: Maria hat den schneebedeckten Boden in ihr Eigentum übernommen, dort soll ihr zu Ehren eine Kirche erbaut werden.

Tatsächlich stellte Franz de Pavinis in seinem „Defensorium“ einen Vergleich der Gründungslegenden von S. Maria Maggiore (S. Maria della Neve) und von Klosterneuburg an. Vorgeformt ist diese Sage durch die Erzählung von Gideons Vlies, auf das allein inmitten von Dürre Regen gefallen ist.

Diese Vorstellung wie die vom Dornbusch bzw. Rosenstock, beides Symbole der marianischen Jungfräulichkeit, haben die älteste Darstellung der Agnes als Stifterin beeinflußt: In dieser Zeichnung (vgl. S. 70), die etwa gleichzeitig mit der Aufzeichnung der Schleierlegende entstanden ist, kommt der symbolische Zusammenhang der Agnes mit der Gründungslegende der Marienkirche besonders deutlich zum Ausdruck.

Das Fest Maria Schnee wird von der Kirche am 5. August gefeiert. An diesem Tag beteten die Brüsseler Spitzenklöpplerinnen zu Maria, damit ihr Werk weiß bleibe wie Schnee. Von den Spitzen geht eine Assoziation zum Schleier, vom Weiß des Schnees als Symbol der Reinheit zum Moment der Sühnestiftung. In einem der Bußpsalmen heißt es:

> Besprenge mich mit dem Hysop und ich bin rein,
> wasche mich und ich bin weißer als Schnee (Ps 50,9).

Durch den Schneefall hat die Himmelskönigin symbolisch ein Stück Boden in Besitz genommen; der Schleier als Rechtssymbol ist aus vielen Erzählungen geläufig. Nicht wenige Gründungslegenden von Kirchen sind mit dem Symbol des Schleiers verbunden.

Die Kaiserin Kunigunde (†1033, kanonisiert 1200) aus dem Geschlecht der Grafen von Luxemburg, Gemahlin des letzten Ottonen, Heinrichs II., soll den Bau von drei Kirchen an den Stellen gelobt haben, an denen man die Schleier fände, die sie als eine Art Losorakel vom Söller ihrer Bamberger Burg hatte fortwehen lassen. Die Kirche von Burgerroth und die Zisterzienserabtei Bildhausen beriefen sich auf diese Art Gründung, das Zisterzienserinnenkloster Frauenroth dagegen führte seinen Ursprung (gegründet 1234) auf die Fundstelle des Schleiers der Beatrix von Courtenay zurück. Auch von Leopold und Agnes hieß es: Sie wollten den Ort kennenlernen, der Gott für die Errichtung einer Kirche gefällig wäre.

Nicht von ungefähr spielt in der Legende die Zahl drei eine Rolle: Sie symbolisiert das Göttliche, neun, die Potenz von drei, ebenfalls, man denke nur an die neun Chöre der Engel. Nach neun Jahren soll der Schleier der Agnes gefunden worden sein. Dieser symbolischen Zahl kam die Realität zu Hilfe: Fast neun Jahre nach der Hochzeit, Ende 1105 oder Frühjahr 1106 – seit dem 16. Jahrhundert wird der 1. Mai als Hochzeitstag angenommen, auch dieser Termin ist nicht ohne symbolische Bedeutung – wurde der Grundstein zur Kirche gelegt (15. Juni 1114), man konnte also die Realität retten.

Nicht allein die Klosterneuburger Schleierlegende knüpft an einen Hochzeitsschmuck der Agnes an, auch in schwäbischen Stätten ihres Wirkens hat man Gründungslegenden mit der Kaisertochter in Zusammenhang gebracht, vermutlich erst in Kenntnis der österreichischen Schleierlegende: Die Johanniskirche in Gmünd an der Rems (Schwäbisch Gmünd) oder, nach einer weiteren Überlieferung, die Stadt Gmünd selbst soll dort erbaut worden sein, wo der Ehering der Herzogin Agnes wiedergefunden wurde, den sie während einer Jagd verloren hatte; er fand sich auf dem Geweih eines auf der Jagd erlegten gewaltigen Hirschen. Dargestellt wurde die Ringlegende von dem Gmünder Maler Johann Georg Heberlein auf einem 1670 entstandenen Ölgemälde, das im Chor der Johanniskirche hängt. Die im 19. Jahrhundert reromanisierte Johanniskirche aus dem Beginn des 13. Jahrhunderts ist auf West- und Südwand mit reichem plastischen Schmuck versehen. Die Darstellungen enthalten im wesentlichen Jagdszenen, der linke Abschluß der Westwand etwa die Darstellung eines Jägers oder Kriegers und von Wild unter einer thronenden Maria mit Kind. Die Datierung der Reliefs ist unsicher. Jedenfalls dürfte ihr Inhalt die Gründungslegende nicht unwesentlich beeinflußt haben.

Der Schleier war, wie in Kapitel II ausgeführt worden ist, Bestandteil der Frauentracht, er kennzeichnete die verheiratete Frau. Aus diesem Schleier der Tracht wurde in der volkstümlichen Legende der Brautschleier; sein Verlust fand nicht irgendwann, sondern in der Hochzeitsnacht statt. Dem tragen alle Erwähnungen von mildem Mondenschein und Sternenglanz Rechnung, andere Erzählungen lassen den Schleier durch den Morgen- oder seltener den Abendwind forttragen.

Nach der ältesten Legendenüberlieferung stand der Plan der Kirchengründung von dem Moment an fest, an dem die Eheleute „ein Fleisch geworden waren". Der Schleier hatte als Ortsorakel nur untergeordnete Bedeutung, zudem symbolisierte er die rechtsförmige Inbesitznahme des Kirchenbaugrundes durch die Jungfrau Maria. Die Frucht des „Ein-Fleisch-Werdens" im biologischen Sinn sind Menschenkinder. Die symbolische Frucht des Mutterleibes (= Kirche) sind Marien- bzw. Gotteskinder, ist die geistliche Gemeinschaft, „in der Regularkanoniker den Gottesdienst versehen". Der Schleier ist Symbol der Jungfräulichkeit, seine Entführung durch den „Windstoß" Symbol für das Ein-Fleisch-Werden. Wo der Schleier sich unversehrt wiederfindet, ist die Jungfräulichkeit wiederhergestellt, symbolisiert durch die marianische

Jagdszenen aus der Westfassade der Johanniskirche in Schwäbisch Gmünd, 13. Jahrhundert.

geistliche Gemeinschaft. Und in der Tat: In den ältesten bildlichen Darstellungen der Schleierlegende erscheint über dem Schleierbaum die Jungfrau Maria.

Bevor wir uns den Bildern zuwenden, ist noch die zweite „Gründungsreliquie“ Klosterneuburgs zu erwähnen: der Schleier.

In dem sogenannten Reisealtar des heiligen Leopold befand sich seit dem späten Mittelalter der sogenannte Agnesschleier. Der Altar aus Alabaster und Jaspis mit oberitalienischen Figuren des 14. Jahrhunderts, die offenbar von einem Tabernakel stammten, wurde 1723 in Silber gefaßt. Der Schleier wurde vor kurzem entnommen und sorgfältig untersucht. Nach den neuesten Ergebnissen handelt es sich um ein äußerst feines Seidengewebe ägyptisch-syrischer Herkunft mit

Spitzen aus Goldfäden, das noch aus dem 12. Jahrhundert stammen könnte. Die Vermutung liegt nahe, dieses Gewebe sei ebenso wie das sogenannte Schreibzeug des heiligen Leopold, ein künstlerisch äußerst qualitätvolles fatimidisches Kästchen mit Einsatz und Schiebedeckel aus dem 12. Jahrhundert, ein wertvolles „Mitbringsel" von einem Kreuzzug gewesen. Angesichts der Tendenz, alles Kostbare und Merkwürdige mit dem Stifterpaar in Zusammenhang zu bringen, avancierte der Schleier zum Schleier der Agnes. Es ist möglich, daß seine Existenz die Ausbildung der Schleierlegende erst angeregt hat.

Zudem kann die Vermutung geäußert werden, daß dieser kostbare orientalische Schleier zunächst als Kleidungsstück der Gottesmutter gegolten hat. In einem Reliquienverzeichnis aus dem 14. Jahrhundert wird unter den anläßlich der Stiftsgründung übergebenen Reliquien ein „Gewand der heiligen Gottesgebärerin Maria" an erster Stelle genannt – sollte es sich dabei um den erhaltenen Schleier handeln? Falls diese Vermutung zuträfe – Beweise sind dafür nicht zu erbringen –, wäre die enge Verbindung von Agnes und Maria noch unterstrichen durch eine Realie.

Wie dem auch sei: Die Schleierlegende wurde seit dem 15. Jahrhundert, wenig verändert, kommentarlos tradiert, meist gefolgt von dem „Chronicon pii marchionis". Vergleiche und Diskussionen setzten erst ein, als sich die gelehrten Historiker des Maximilian-Kreises der Überlieferung annahmen.

Niemand hat sich so sehr für die faktische Authentizität des Schleierwunders eingesetzt und sie gegen alle, zu seiner Zeit zahlreichen, Andersmeinenden verteidigt als der uns schon bekannte Hanthaler. Ja sogar seinen Chronisten Rickard ließ er die entsprechenden Eintragungen zu 1106 und zu 1114 vornehmen, um schließlich zu der Auffassung zu gelangen, daß Leopold die Marienerscheinung mit demütigem Schweigen übergangen habe, um sich ihrer nicht rühmen zu müssen.

Zur frühen Ikonographie der bildlichen Darstellung des Schleierwunders zählt ohne Ausnahme die Darstellung der Marienerscheinung über dem Schleierbaum, zählt die Darstellung der Kahlenberger Burg, von der der Schleier zwanglos zu Tal wehen konnte.

Noch in der Aufzeichnung von 1371 ist von der Burg auf dem Kahlenberg, dem heutigen Leopoldsberg, keine Rede,

Details aus der Miniatur der Initiale L in der Klosterneuburger Tafel II des Ladislaus Sunthaym, 1491: Leopold und Agnes am Fenster der Kahlenberger Burg (oben). Die Schleierfindung (unten).

obwohl sie damals bestanden hat und in gutem Zustand war. Zur Zeit der Markgräfin Agnes allerdings befand sich keine Burg dort oben, wahrscheinlich aber ein befestigter Wachtturm. Neuere Bauanalysen machen es wahrscheinlich, daß Ottokar Přemysl diesen nach der Mitte des 13. Jahrhunderts zu einer Burganlage ausbauen ließ. Der Hauptturm befand sich an der Stelle der heutigen Leopoldskirche, er wurde 1557 über kaiserlichen Auftrag gesprengt. Die seit Ottokars Zeiten landesfürstliche Burg wurde mehrmals zerstört, doch diente sie niemals als landesfürstliche Wohnburg. Seit auf den Ruinen des Turmes die Leopoldskirche (1679–1693 mit Unterbrechung durch den Türkenkrieg) erbaut ist, wurde der Kahlenberger Felsen in Leopoldsberg umbenannt; die nächste und höhere, bisher Sauberg genannte Erhebung des Höhenzuges trägt seither die Bezeichnung Kahlenberg.

Im Frühjahr 1484 wurde die Burg auf dem Berg von den Truppen des Matthias Corvinus zerstört, doch in der ältesten Illustration der Schleierlegende in der Initiale L(ewpoldus) der Klosterneuburger Tafeln des Ladislaus Sunthaym aus dem Jahr 1490 ist die wehrhafte Bergburg fest und unversehrt sichtbar. Aus einem Fenster beugen sich Leopold und Agnes; die Markgräfin streckt die Hände nach dem entschwindenden Schleier aus. Dieser ist jedoch sanft im Gebüsch unter der Burg gelandet, er hängt von blühenden Bäumen auf Dornengestrüpp herunter, von Hunden verbellt. Markgraf Leopold kniet davor, einen Jäger im Gefolge. Über den Bäumen erscheint vor golden damasziertem Hintergrund Maria im blauen Mantel, das nackte Kind mit der Linken umfassend. Um die Bedeutung der Szene zu illustrieren, ist links vorne unter der Burg noch St. Leopold mit Adlerkleid und -fahne, mit Erzherzogshut, mit hermelinverbrämtem Mantel und Kirchenmodell zu sehen.

Nur in dieser Darstellung hängt der Schleier auf blattloses Gestrüpp herunter: Die Symbolik der blühenden Dornen bzw. des Grünens des verdorrten Baumes hat in unserem Zusammenhang keine Weiterentwicklung erfahren. An entlegenem Platz, in der bereits erwähnten barocken Legendensammlung, klingt sie jedoch an:

„. . . Sie wußten nicht, was sie hierzu für einen Platz nehmen solten, und redeten eines Tages hiervon miteinander. Unter wehrendem Gespräch entstunde plötzlich ein scharffer Wind,

Schleierfindung. Titelminiatur des Urbars 2 des Propstes Georg Hausmannstetter, 1513. Stift Klosterneuburg, Archiv.

welcher der Marggräffin Flor vom Haupt hinweg nahme, und durch die Lüfften in ein unbekantes Ort führte. Damal gedachten sie nicht, daß solches aus Anordnung Gottes, sondern nur ungefehr geschehen seye; und liessens ohne fernern Beschluß bey diesem Gespräch beruhen. Als aber lang darnach der H. Leopoldus ausser der Stadt Wienn spatziren gienge, sahe er den Flor seiner Gemahlin auff einem Dornbusch gantz unverletzt hengen, und nahme ihn mit Freuden wieder zu sich[3]."

In rascher Folge entstehen weitere Illustrationen, besonders qualitätvolle Werke der Tafelmalerei. Vor 1500 malt der Meister der Heiligenmartyrien eine Erbauung des Stiftes Klosterneuburg: auch hier Leopold und Agnes am Fenster des Turmes der Burg auf dem Kahlenberg im Hintergrund, davor der Markgraf mit einem Jäger auf der Jagd, dann kniend vor dem Schleierstrauch und schließlich vorne den Bau der Stiftskirche inspizierend.

Die Szene des Ehepaares in der Burg, dem gerade der Schleier entführt wird, rückt in der Darstellung des Hausmannstetter-Urbars von 1513 ganz in den Hintergrund. Das Bildgeschehen beherrscht der in den Donauauen jagende Markgraf, sogar der Schleier auf dem Baum spielt keine dominierende Rolle, wohl aber fällt der Blick auf die in einer regenbogenfarbigen, von blauen Wolken umgebenen Glorie stehenden Maria mit Kind im lichten Himmel weit über Au, Burg und Bergen.

Das Paar am Fenster wird nun für lange Zeit nicht mehr dargestellt, die Szene erweckt erst in der Romantik wieder Interesse. Burg und Schleierbaum aber entwickeln sich zu einer beliebten Bildvorlage für Szenen, die die Bedeutung des heiligen Markgrafen illustrieren, in denen aber auf die Darstellung der Markgräfin verzichtet wird. Ein erstes Beispiel dieser Art sind die verschiedenen Illustrationen des „Defensoriums" von de Pavinis.

Im Jahr 1505 malte der Passauer Bürger Rueland Frueauf die Tafeln für einen Leopoldsaltar: Die Gebeine des Heiligen sollten 1506 transferiert werden. Vier Tafeln dieses Altares sind erhalten. Sie schildern die bereits bekannten Szenen, auf drei Tafeln verteilt; als vierte, ikonographisch nicht uninteressante Vorlage kommt die Eberjagd dazu, nach Wachas bestechender Vermutung ein Symbol des Kampfes gegen das Böse,

Der Verlust des Schleiers. Kupferstich von Johann (János) Blaschke (1770– 1833). Vgl. dazu Joseph Freyherr von Hormayr, Oesterreichischer Plutarch, oder Leben und Bildnisse aller Regenten und der berühmtesten Feldherren, Staatsmänner, Gelehrten und Künstler des österreichischen Kaiserstaates 19, Wien 1814, S. 84: Am achten Tag nach der Vermählung (8. May 1106) standen die Gatten Leopold und Agnes in einem Bogenfenster des neuen Kahlenbergerschlosses, rathhaltend über eines Klosters Stiftung. Winde spielten um die zarte Schönheit, rissen den Schleyer von dem holden Haupte, wälzten ihn durch kämpfende Lüfte weit mit sich fort.

Rueland Frueauf d. J., Ausritt zur Jagd, 1505. Stift Klosterneuburg, Museum.

Rueland Frueauf d. J., Eberjagd, 1505. Stift Klosterneuburg, Museum.

Rueland Frueauf d. J., Schleierfindung, 1505. Stift Klosterneuburg, Museum.

Rueland Frueauf d. J., Kirchenbau, 1505. Stift Klosterneuburg, Museum.

vielleicht im Zusammenhang mit der von Hofhistorikern Maximilians entwickelten Sühnetheorie. Man muß aber nicht soweit gehen, denn die Überwindung des Teufels durch die Religiosengemeinschaft bietet allein schon einen häufigen Bestandteil des ikonographischen Programms von Gründungssagen. Die drei anderen Tafeln stellen das mit allen Herrschaftsinsignien angetane Markgrafenpaar beim Ausritt zur Jagd unterhalb der Burg auf einem Felsen dar, dann die Schleierfindung durch den Markgrafen, wobei über dem Strauch, in einer atmosphärischen Glorie schwebend, Maria mit dem Kind erscheint; die letzte Tafel schließlich zeigt das hohe Paar mit zahlreichem Gefolge bei einem Besuch der Kirchenbaustelle. Hinter dem Altar ragt der Strauch auf, die Markgräfin ist hochschwanger.

Ein etwa zehn Jahre jüngeres Bild von einem Maler der Donauschule zeigt die gleiche Szene in derberer Darstellung, aber mit wesentlichen Details, die offenbar der öffentlichen Meinung entsprachen. Sowohl der Markgraf wie die durch ihn weitgehend verdeckte Markgräfin sind durch einen Nimbus ausgezeichnet, der Markgraf trägt über dem Pelzkragen seines Purpurmantels, unter dem das Adlerkleid sichtbar wird, das Goldene Vlies.

Das Thema der Schleierauffindung wurde eine häufig gewählte und nur in Details variierte Bildvorlage nach der Tafel Frueaufs. Schon bald malte ein Maler der Donauschule eine weitere Schleierfindung: Dieses Bild aus dem Klosterneuburger Stiftsmuseum hat man früher Erhard Altdorfer zugeschrieben. Eine ikonographisch ähnliche Darstellung nimmt auch die Rückseite eines bemerkenswerten Reliquiars ein, das sich heute im Wiener Diözesanmuseum befindet und erst kürzlich restauriert wurde: Erzherzog Ernst schenkte am 7. Mai 1585 seiner Schwester Elisabeth, Königinwitwe von Frankreich, eine Leopoldreliquie (Schulterblatt, recte Beckenknochen), für die sie zwischen 1590 und 1592 ein Reliquiar in Baumform aus vergoldetem Silber herstellen ließ, dessen Äste Figuren der Heiligen aus der „Sipp-, Mag- und Schwägerschaft" Kaiser Maximilians tragen. Die aufklappbaren Flügel des Reliquienschreins in der Mitte enthalten die Darstellungen von 16 Wundern des heiligen Leopold.

Die Absenz der Markgräfin in den Darstellungen der Schleierfindung verleitete um die Mitte des 17. Jahrhunderts

Die Erbauung von Klosterneuburg. Tafelbild von einem Flügelaltar, um 1515. Niederösterreichisches Landesmuseum, Wien.

Schleierauffindung. Rückseite des Leopoldreliquiars, das Elisabeth, Schwester Erzherzog Ernsts und der Kaiser Rudolf II. und Matthias, Witwe des französischen Königs Heinrich III., zwischen 1590 und 1592 herstellen ließ. Erzbischöfliches Dom- und Diözesanmuseum, Wien.

Schleierfindung, um 1640. Signaturen am unteren Rand: I. W. Baur inv(enit), cum Privilegio S(acrae) C(aesareae) M(aiestatis), Melchior Küsell fecit Aug(usta) Vind(elicorum). Stift Klosterneuburg, Bibliothek.

zu der irrigen Annahme, die Klostergründung sei erst nach dem Tod der Markgräfin erfolgt: „St. Leopolt Oesterreichischer Marches, ersicht auff der Jagt/ unverhoffter Sachen den Schleir von seiner verstorbnen Gemahlin/ erkennt die Schickung und Willen Gottes/ und bauet/ wie vorhero Er in Lebzeiten seiner Gemahlin versprochen/ das Closter Neyburg“ steht unter einem Stich des Schleierwunders, der um 1640 nach einer Zeichnung Wilhelm Baurs († 1640 in Wien) von Melchior Küsell in Augsburg angefertigt wurde.

Auf dem Antependium des Altares der Leopoldskirche von Vorderstoder wird der Schleierbaum schlicht zum Emblem des heiligen Markgrafen.

Sowenig die handelnden Personen – von dem heiligen Markgrafen abgesehen – in Erscheinung treten, um so mehr

Emblem auf einer Kartusche aus dem Antependium der Leopoldskirche von Vorderstoder, Wolfgang Andreas Heindl, 1745/46. Aus einem mit dem Erzherzogshut gekrönten Herz wächst der Schleierbaum, im Hintergrund die Berge der Prielgruppe. Das Spruchband trägt die Inschrift: S. Leopoldus, Pitt Vier vnns Alle.

Interesse wird dem Legendenbeiwerk entgegengebracht. Unzählig sind die Ausdeutungen jeder auch noch so geringfügig scheinenden Einzelheit in den zahlreichen Leopoldipredigten. Vor allem der Hollerstrauch hatte es den Predigern angetan. Der uns bereits bekannte Florentius Schilling meint dazu:

„Dise Holderstaud verspricht mir geheimnussen / wann ich nur fragen wird / warumb dieser Schleyer auß Göttlicher schikkung eben auff die Holderstaud / vnnd nicht auff den Feigenbaum / nicht auff den Weinstock / nicht auff den Maulbeerbaum nicht auff den Dornbusch / nicht auff den Aichbaum / oder auff andere dergleichen durch den Wind getragen worden. Christus sagt: Leopold mein getrewer Knecht / Agnes seyn fromme Gemahlin / mein getrewe Dienerin / wollen meiner lieben werthen Mutter Mariae ein Ehrn-Tempel erbawen / stehen aber an / wo vnd an welchem Orth. Den Orth soll zeigen diser Schleyer auff einer Holderstaud / auff welcher er ligen soll 9. gantzer Jahr / im Wind / im Regen / in Schnee / vor den Menschen / vor den wilden Thieren / vor den Raubvögeln sicher / vnverletzt vnd vnverzehrt.

Auff der Holderstaud / vnnd nicht auff dem Feigenbaum. Dann der Feigenbaum hat den ersten Menschen ein Frucht deß Todts getragen / an welcher nach vnd nach alle ihre Nachkömlingen ersticken: vnd sagt Christus / als ich auff ein zeit ein wolgestalten Feigenbaum ersehen / vnd hinzu genahet / mit der meynung / meinen Hunger zustillen / hab ich an statt der Frucht / rauche Blätter allein gefunden / vnd destwegen verflucht / daß er außgedorret. Mein Diener Leopold aber ist von mir erwöhlet zum wahren Leben / zu disem End hab ich ihn gebenedeyet / mit dem Taw deß Himmels / vnd mit der Faiste der Erden.

Auff der Holderstaud / vnnd nicht auff dem Weinstock. Dann der erst Hawer / welcher den Weinstock gepflantzt und gebawet / hat sich von dem Rebensafft vollgesoffen / vnnd sich ungebürlich entblösset. S. Leopold aber war ein sonderbares Beyspil der Enthaltung / und Nüchterkeit /

Auff der Holderstaud / vnd nicht auff dem Maulberbaum: dann der Maulberbaum ist verdächtig weilen jener Richter die Susanna gerichtlich beklagt / als hette sie ihrem Mann vnter disem Baum die eheliche Trew gebrochen / vnnd den Ehestand verunehret. Leopold aber hat dergleichen Gedancken niemahlen beherberget / vnnd ob er schon verehelicht mit seiner Gottseeligen Gemahlin achtzehen Kinder erzeucht / hat er gleichwol die eheliche Zucht / vnnd Erbarkeit niemahlen vberschritten . . .

Nicht auff dem Feigenbaum / sondern auff der Holderstaud . . . Die Holderstaud ist Marckich / und hat ein Gestalt / als were sie von lauter pfeiffen. Dann auß dem Holderholtz pflegt man pfeiffen zur Music zu machen. Vnd vor Zeiten war ein Musicalisch Instrument Sambuca genennt / von dem Vrheber / wie der alt Calepinus will / Namens Sambucus, welches wir Teutschen ein Hackbret nennen. Ich aber vermein / es sey ein Pfeiff / allermassen heutigs Tags bey den Türcken gebräuchig etwann von Holderholtz gemacht. Dardurch zubedeuten / daß an dem Orth bey diser Holderstaud / allwo gegenwertiges Gotts-Hauß S. Leopold erbawet / Gott Tag vnnd Nacht in Hackbretern / Pfeiffen / Geigen / Lauten / Orgeln / in vocalischer und instrumentalischer music solte gelobt werden.

Nicht auff dem Weinstock / sonder auff der Holderstaud / so ein symbolum der Freygebigkeit von Berchorio genennt wird. Die Holderstaud hat zwo Häut / die äusserlich graw / die jnnerlich grün. Dienet zur bequemlischen Artzney: doch mit disem geding / wann dise Haut auffwerts abgeschabt wird / so purgirt sie vbersich: wird sie aber abwerts geschabt / so purgiert sie vndersich . . .

Nicht auff dem Maulberbaum / sonder auff der Holderstaud. Dann das Holderblähewasser ist ein bewehrte Artzney für das Kopffwehe: . . .

Nicht auff dem Dornbusch / sonder auff der Holderstaud. Von den Holderblettern sagt Lonicerus: Die Bletter / so sie noch grün seynd / gestossen / und auff die grindige Haut gelegt / heylet sehr. Auch also gelegt auff das hitzige geschwer / so sich gern an Fingern erhebt / der Wurm genannt / heilet es zuhand. So lehret die Tägliche Erfahrung / daß die Holderstaud dem Menschen ein liebliche Speise an der Blühe / welche man zubachen pflegt / tragen thut. Der Freygebige Marggraff Leopold hat den Wurm an Fingern nie gelitten: Dispersit dedit pauperibus. Ein Speißmeister / der Geistlich- und Weltlichen Armen. Dessen Gedächtnuß Jährlich auff disen Tag ernewert / vnd erfrischet wirdt. Auff diesen Tag / an welchem man allem zulauffenden Volck Brod / Wein / Fleisch / vnd Gelt außspendet. Vnd scheinen noch die jenigen Clöster / welche diser getrewe Knecht und Außspender des Edlen gestifftet / vnd auß deren Einkommen / das Jahr hindurch sovil tausent Personen gespeiset werden. . . .

Nicht auff dem Aichbaum endlichen / sonder auff der Holderstaud / von welcher Dioscorides vil herrliche Artzneyen erprest. Insonderheit für die Wassersucht / vnd gifftige Schlangenbiß: . . . Die Holderwurtzel in Wein gesotten / vnd in Speisen eingegeben / heylet die Wassersucht / vnd Schlangenbiß[4]."

Und der Augustiner-Eremit Ulrich Megerle, besser bekannt als Abraham a Sancta Clara, predigte am Fest des „Hochheiligen Marggraffens Leopoldus“, am 15. November 1673, vor „der gesambten Kayserlichen Hoffstadt“ in Gegenwart der Leopoldreliquien in Klosterneuburg:

„. . . Da frage ich weil der Wind so den Schleyer Agnetis hinweg gezuckt / ist vermuthlich gewest der Heilige Geist / als der sich jederzeit Mariae angenommen: / wie er sie auch dann zu Nazareth überschattet / warumb er gleich den Schleyer auff ein Holderstauden vnd nicht auff ein andern Baum oder Hecken getragen? muß zweiffels sonder nicht ohne gewisse Geheimbnuß geschehen seyn / dann daß die Tauben dem Noe ein Oelzweigl im Schnabel zuruck tragen in die Archen / und nicht ein anders Zweigel / ist diß Geheimnuß gewest / weil das Oelzweigl ein Abbild ist deß Fridens; dann dazumahl Gott wider mit der Welt Fried gemacht; also warumb auch der subtile Schleyer Agnetis getragen worden auff ein Holderstauden vnd nit auff anderes Gesträuß ? warumb Maria gleich von dem Oesterreichischen Marggraffen Leopoldo begehrt ein Kirchen bey der Holderstauden ? ist auch ein Geheimbnuß: Ich glaube es seye geschehen wegen deß Namens Holder / dann kein Baum oder Stauden ist / die einen so schönen und annehmblichen Namen hat als wie der Holder / massen holder eben so vil lautet als lieber / darumb ist glaubig / daß habe Maria dise Gebenedeyte Welt-Schützerin in Leopoldo ihren frommen Diener gebotten ein Hauß vnd Kirchen zu bauen bey vnnd auff der Holderstauden / zum Zeichen / daß sie ihme jederzeit wolle hinfüran geneigter und holder seyn / als hab sie gleichsamb trostreich zu ihm gesprochen: Leopolde mein Sohn / weilen du ein so grosse imbrünstige Lieb zu mir tragest / als zu deiner Mutter / so wüsse vnd verlasse dich darauff / daß ich dir jederzeit will holder werden / daß seye dein Trost Leopolde, vnd auch allen deinen andächtigen Nachkömblingen / denen ich will allezeit hold seyn / vnd noch holder werden vnd ein holdseelige Mutter verbleiben / dann gleichwie sie dir in der Andacht zu mir werden nacharthen / also will ich auch über sie den Mantel meiner Mütterlichen Schutz-Haltung jederzeit außbreiten / vnd obschon mit der Zeit viel stille vnd offene Müßgünner sich werden finden / die deinen Oesterreich künfftiger Zeit nicht werden hold seyn / so will ich doch dir und denselbigen ein holdseelige Mutter jederzeit seyn / vnd mehr vnd mehr hold werden[5].“

Der Höhepunkt der Abstraktion des Schleiers sollte erst kommen. Nach einem Entwurf von Matthias Steinl schuf der kaiserliche Goldschmied Johann Baptist Känischbauer von Hohenried zum 600jährigen Gründungsjubiläum 1714 die Schleiermonstranz, die heute ein Glanzstück der stiftlichen Schatzkammer darstellt (Farbbild 11): ein silberner, vergoldeter und reich mit Perlen und Steinen besetzter Baum, die Hostie (= Christus) überhöht von den beiden anderen Personen der Dreifaltigkeit. Auf dem Monstranzfuß kniet barhaupt der heilige Leopold, den kostbaren Erzherzogshut zu Füßen, auf der anderen Seite bellen Hunde zu Maria empor, die als Immakulata inmitten der Blüten und Blätter des Baumes schwebt, durch den sich ein feiner Schleier windet. Sie weist mit der Linken auf das Mittelstück der Monstranz, den Platz für die Hostie.

Das Thema des Schleierwunders fand auch in die Volkskunst Eingang: Im Niederösterreichischen Landesmuseum ist eine barocke Rundplastik aus dem 18. Jahrhundert aufbewahrt, die die Schleierauffindung zeigt. In der Mitte des Baumes befindet sich ein Marienbild des Mariazeller Typs in einer kunstvollen Nische.

So sehr künstlerische Imagination noch Neues schaffen konnte, so sehr wird in den literarischen Darstellungen bereits Bekanntes wiederholt – ein lobenswertes Zeichen quellennaher Überlieferung. Neue Akzente setzte lediglich ein auswärtiger Historiker, der sich als Protestant unbeschwert von jeder gläubigen Überlieferung äußerte. Im allgemeinen blieb das Interesse an babenbergischen Geschichten auf den österreichischen Raum beschränkt. Einen seltenen Ausnahmefall verkörpert der aufgeklärte Josephiner Johann Christian Herchenhahn, ein Koburger Jurist in österreichischen Diensten, dessen „Geschichte der Oesterreicher unter den Babenbergern“ vor 200 Jahren in Leipzig erschienen ist. Darin wird von der Hochzeit von Leopold und Agnes am 1. Mai 1106 in Melk berichtet, spätestens seit Hanthaler eine feststehende Überlieferung. Das neue Schloß auf dem Kahlenberg sei zu klein gewesen, um all die Hochzeitsgäste zu fassen, deshalb habe man zwar in Melk gefeiert, sich aber alsbald auf das Kahlenberger Schloß begeben und „an einem Fenster der Kahlenberger Wohnung“ über die Gründung einer neuen Kirche gesprochen. „Ein plötzlicher Windstoß“, so schreibt er wörtlich, „soll bey dieser Gelegenheit

Martin Altomonte, Schleierfindung. Kreideskizze, Detail. Nach dieser Skizze wurde das ehemalige Seitenaltarbild der Wiener Schwarzspanierkirche ausgeführt, das sich heute in der Wiener Minoritenkirche befindet. Zu diesem Bild existiert auch eine 1736 datierte signierte Ölskizze. Stift Klosterneuburg, Sammlungen.

das Halstuch der Markgräfin geraubt und in die Tiefe an die Donau in das daranstehende Gehölze getragen haben. Ein Hollerbaum war so freundschaftlich es auf sich zu nehmen, und es so lange zu bewahren, bis es Leopold nach neun Jahren auf der Jagd noch unversehrt fand. Der Baum wird noch jetzt zu Kloster Neuburg heilig aufbewahrt. Die Würmer kehrten sich aber so wenig um seinen Ruhm, daß man ihn jetzt sowohl für einen alltäglichen wurmstichigen Balken aus einem alten Dachstuhle ansehen kann, als für einen Hollerbaum. Die heilige Agnes muß auch ihr Halstuch eben so nachlässig wie wollüstig angesteckt haben, als es die heutige schöne Welt thut, wenn ein Wind ihr den Gefallen hat erzeigen können, und sich die Schuld, ihre Schönheit zu entdecken, hat aufbürden lassen mögen[6]." Wer die Bilder der herausgeputzten koketten Damen auf den Sunthaym-Tafeln oder auf dem Babenberger-Stammbaum gesehen hat, kann ihm nur beipflichten.

Zu 1114 heißt es in der Angelegenheit weiter: „Leopold war aber die Hauptursache von dem Fall des Kaisers. Er verließ ihn so ganz ungerechterweise am Flusse Regen, er beging einen Meineid . . . Es kann ihn nicht entschuldigen, wenn er die Folgen nicht voraussah, die nachher so traurig über den Kaiser hereinbrachen, da sein ganzes Verfahren tadelhaft war. Zu spät nagten Gewissensbisse sein Herz, die er in der Folge über den erbärmlichen Untergang seines Schwiegervaters empfand. Er suchte durch Andachtsübungen seinen Fehler zu verbessern und fragte auch seine Gemahlin Agnes, die Prinzessin des abgesetzten Kaisers, um Rath . . . Diese rieth ihm einen Ort zu einem Kloster auszusuchen . . ., damit Gott ihnen beyden Barmherzigkeit erzeigte . . .

Um nicht diejenigen zu beleidigen, die sich gern mit Märchen unterhalten, das Wunderbare in menschlichen Dingen zu suchen, und es der Wahrheit vorziehen, muß ich nothwendig die bisher geglaubte Ursache von der Stiftung dieses Klosters anführen. Ich erreiche dadurch zwo Absichten. Denen, die nichts neues lesen wollen, werde ich nicht verdrießlich, da ich ihre Lieblingsmeynung nicht mit einem tiefen verächtlichen Stillschweigen übergehe, und ich bekomme dadurch bey ihnen ein höheres Ansehen in Rücksicht der Vollständigkeit in Erzählung der geschehenen Dinge. Dieses muß sich ein jeder Schriftsteller zu erwerben suchen, hauptsächlich ist es aber einem Geschichtschreiber nothwendig, wenn er will gelesen werden, und Nutzen verschaffen ... ich hoffe aber auch, daß sie [die Leser] von ihrem Vorurtheile größtentheils werden geheilet seyn, wenn ich die Lieblingsfabel von der Gründung des Klosters Neuburg werde ganz vorgetragen haben ... Hunde haben bey der ganzen Sache das größte Verdienst. Dieses Thier scheint sonst von dem Himmel nur dazu gemacht zu seyn, um neben der Wache, die es seinem Herrn schuldig ist, jagdbare Thiere auf der Fläche des Erdbodens zu verfolgen und zu fangen, diese bekümmerten sich aber um dasjenige, was in der Luft schwebte. Sie müssen also schon in dieser Rücksicht mehr als Hundsverstand gehabt haben. Daß sie aber nach acht Jahren das Halstuch ihrer gnädigen Frau erkannten, das ungeachtet des fressenden Schnees, des häufigen Regens, und des vielen Staubes im äolischen Oestreich noch ganz unversehrt und kennbar war, setzt einen englischen Verstand voraus. Diesen würde ich ihnen auch von ganzem Herzen zugestehen, wenn ich dem Wunder nicht dabey zu nahe träte. Denn dies leidet offenbar, wenn ich die Hunde schon von Natur gescheit seyn und den Schleier nicht vielmehr durch eine plötzliche Eingebung von ihnen finden lasse. Kurz, Hunde, die den heiligen Leopold auf der Jagd begleiteten, fanden den Schleier, den der Wind vor acht Jahren dem Halse der Agnes auf dem Kalenberge geraubt hatte, auf einem Hollerbaum. Sie bellten ihn an, als sie ihn erblickten, und dies war dem Markgrafen ein untrüglicher Befehl des Himmels zu dem Bau eines Klosters.

Um die wunderbare Ursache dieses Stiftes bey dem gemeinen Pöbel beständig im Andenken zu erhalten, so wurden in dem Kloster bis auf unsere Tage eine grosse Anzahl Hunde unterhalten, der grosse Joseph aber, dem Menschen näher am Herze als Hunde liegen, verbot die fernere Fütterung derselben, und befahl, daß arme Kinder von dem Fond unterhalten werden sollten[7]."

Der kaiserliche Hof hatte sich von Klosterneuburg zurückgezogen, die Reformen Kaiser Josefs II. begünstigten keine weiteren Lobredner des heiligen Leopold, sein Kult ging merklich zurück. Da bemächtigte sich die romantische patriotische bürgerliche Literatur der Geschichte von Leopold und Agnes, nicht ohne politischer Moral und persönlicher Tragödie bzw. dem Staatswohl schuldigen Tribut zu entrichten.

1808 schrieb Joseph Alois Gleich (1772–1841) den Text für eine Kantate „Leopolds Jagd oder der wiedergefundene Schleyer", die Musik stammte von Ferdinand Kauer. Die religiös-patriotische Note kommt im abschließenden Duett von Leopold und Agnes zum Ausdruck:

Dem Ew'gen werde mit Entzücken
Gebeth und Dank stets dargebracht,
Nur Frömmigkeit kann uns beglücken,
Uns schützt allein der Tugend Macht[8].

Die Handlung aber wurde in Gang gebracht und weitergetrieben durch die Gefühle der Agnes, besonders durch ihre fast hysterische Ängstlichkeit, die sie – im glücklichen Wiederbesitz des Schleiers – auch eingestehen darf:

O welch Entzücken! –
Mein Fürst und Herr, entschuldige
Des Weibes Schwäche,
die im Schmerz so wie in Wonne
Die Gränzen übertritt,
die die Vernunft uns lehrt –
Entschwunden ist mein Gram,
und Lust durchströmt mein Herz[9].

Fester, ja angesichts der französischen Invasion fast irrationaler Glaube an das Glück des Hauses Österreich bestimmte die Grundtendenz der Gleichschen Kantate, die im Herbst 1808 aufgeführt wurde. Angst vor der Katastrophe und Glaube an eine glückliche Wendung des Schicksals werden durch Agnes und Leopold verkörpert. Leopolds Gehaben läßt nur den einen Schluß zu: Glück, Wohlstand und Sicherheit des österreichischen Volkes sind an das Wohlergehen der Dynastie gebunden. Die durch den aktuellen politischen Bezug bestimmte Rollenverteilung entspricht auch dem geltenden Frau-Mann-Klischee.

Da die zugrunde liegende Tendenz später häufig aufgegriffen worden ist und Gleichs Auffassung am Anfang einer neuen Sicht der Schleiergeschichte steht, seien die betreffenden Stellen hier wiedergegeben.

Jagd ist das wahre Männervergnügen:

Der Oberjäger: . . .

Ein Eber bricht mit lautem Wüthen
Aus dem Gebüsche fürchterlich;

Doch bald, von Hunden kühn bestritten,
Wälzt er in seinem Blute sich.
Mit reicher Beute ausgeschmücket
Kehrt dann der Jäger froh zurück,
Sein Liebchen naht sich, und beglücket
Ihn durch der Liebe Feuerblick.
Die Jagd allein gewährt Vergnügen,
Drum folge mir, Erlauchter Herr!
Trink ihre Lust mit vollen Zügen,
Trink ganz den Freudenbecher leer[10].

Da naht der imaginierte Inbegriff holder und ängstlicher Weiblichkeit:

Leopold: Verweilet noch, ich seh dort jemand nahn,
Und frey trett jeder stets zu mir –
Täuscht mich mein Auge nicht? Sie eilet selbst herbey,
Die theure Gattin, die ich innig liebe,
In deren Treu und Tugend ich beglückt mich fühle.
Agnese ists – die beste aller Frauen,
Der Mutter Edelste – die Freundin ihres Volkes,
Der Tugend Bild – die alles zärtlich liebt.
. . .
Agnes: Mein liebend Herz war bang beklommen,
Als drohte selbst ein Unglück Dir.
Leopold: Doch nun ist deine Sorg entschwunden?
Agnes: Gewiß, an deiner Seite nur
Hab ich stets Ruh und Trost gefunden[11].

Agnes zieht sich wieder zurück, Sturm kommt auf, ein fürchterliches Gewitter entlädt sich – und die Katastrophe ist da:

Agnes (am Fenster): Seht, seht, von dem Gebirg her drängen,
Schnell dichte Wolken sich – der Sonne Bild
Verlischt – die Wipfel hoher Bäume rauschen,
Vom starken Wind durchbraust, der schnell
Sich hebt – die Luft ist schwül, der Vögel Lied
Verstummet, und schauerliche Dunkelheit verdrängt
Den Tag – die Wolken steigen dräuend auf
In kolossalischen Gestalten, ein Wetter naht –
Horcht, horcht, von ferne tönt des Donners Rollen schon.
der Sturm heult fürchterlich.
. . .

O weh – der Sturm raubt mir den Schleyer,
Durchs offne Fenster flieht er fort.
Leopold: Das Bild der Keuschheit sey euch theuer,
Sucht schnell, durchstreift den ganzen Ort[12].

Verlust des Schleiers: Katastrophe für das ganze Volk. Dieser Aspekt ist neu. Er sollte reiches Nachleben erfahren.

Der zweite Teil der Gleichschen Kantate beginnt wie der erste: mit dem Lob des Jagdvergnügens, doch im Gegensatz zum ersten endet er nicht mit einer Katastrophe, sondern mit Heil.

Was es mit dem Schleier für eine besondere Bewandtnis hat, hören wir aus Agnes' Munde:

Entschwunden ist die Nacht des Sturmes,
Und Heiterkeit erfüllet ringsum die Natur;
Doch ach! mein eignes Herz nur kann nicht heiter seyn?
Ob dem entrißnen Schleyer erfüllet Kummer meine Brust.
Nicht sein Verlust ists, der mich kränkt, doch seine
Vorbedeutung – Eilt – fröhliche Bewohner dieser Fluren –
Eilt holde Mädchen, deren Unbefangenheit
Noch ungetrübt das Herz von schwarzer
Ahndung läßt, Eilt, sucht den Schleyer mir zurück zu bringen,
Durch eure Hand ihn zu empfangen wär
Mir halber Trost. Der Ahndung schwärzeste
Wird durch die Gab der Unschuld doch vermindert –
Ach was soll dieser Raub? O Schicksal! –
Willst du gleich dem Kleid des Körpers, auch meines Herzens
Schönsten Theil mir rauben? – Ihn –
Den ewig diese Seele liebt – den Edelsten der Fürsten,
Den zärtlichsten Gemahl? den Vater jedes Unterthans?

Holde Ruhe, eil mich zu erquicken,
Da den Busen Kummer nur erfüllt,
Ach es zeigt sich meinen düstern Blicken,
Stets nur einer grausen Zukunft Bild.
Bange Ahndung raubt mir meine Ruh,
Send o güt'ges Schicksal Trost mir zu.

Doch die Hoffnung stärkt die Seele,
Jede Angst entweicht von ihr;

Gott der reinsten Liebe Quelle
Sendet sichern Beystand mir,
Liebe stille meine Thränen,
Von des theuren Gatten Brust,
Soll kein Mißgeschick mich trennen,
Mit ihm sterben ist mir Lust.
. . .
Mein theurer Gatte! laß der Jagd Beschwerden
Mit dir mich teilen – denn bey dir allein
Durchbebt nicht Angst dies Herz –
Bey dir zu seyn, ertrag ich jede Müh –
Verarg es nicht der lieberfüllten Gattin,
Wenn jede Kleinigkeit, die ihr Gefahr
Zu drohen scheint, aus ihrer Ruh sie schreckt,
Und sie mit Angst erfüllt.
Du weißt, das schwache Weib erbebet,
Sobald sie sich Gefahren denkt,
Und da wo Muth den Mann belebet,
Bleibt stets ihr Herz in Angst versenkt[13].

Diese Texte sprechen für sich. Bleibt nur noch der Grund zur Gründung Klosterneuburgs zu vermerken:

Leopold: . . . dem Kummer meiner Gattin,
Und ihrer Freude will ein ewig Denkmahl ich errichten[14].

Weiter nicht zu belegen ist die Variante, in der die Brüder Grimm die Legende aufgezeichnet haben – der einzige Text, der Leopold stiftungsunwillig zeigt: „Agnes, Kaiser Heinrichs IV. Tochter, stand mit Leopold dem Heiligen, Markgrafen von Österreich, den achten Tag ihrer Hochzeit an einem Fenster der Burg. Sie redeten von der Stiftung eines Klosters, um die ihn Agnes anlag. Indem kam ein starker Wind und führte den Schleier der Markgräfin mit sich fort. Leopold aber schlug ihr die Bitte ab mit den Worten: ‚Wenn sich dein Schleier findet, will ich dir auch ein Kloster bauen.‘ Acht Jahre später geschah es, daß Leopold im Walde jagte und auf einem Holunderstrauch Agnesens Schleier hängen sah. Dieses Wunders wegen ließ der Markgraf auf der Stelle, wo er ihn gefunden hatte, das Kloster Neuburg bauen; und noch heutigen Tages weist man daselbst den Schleier sowohl als den Stamm des Holunderbusches[15].“

Erst lange nach der Ausformung der Schleierlegende wurde ihre Einbindung in das „Familiendrama“ vorgenommen: Verrat des Sohnes/der Söhne am Vater, Gewinnung der Frau, schließlich Verzicht darauf, den Platz des Vaters/den Königsthron einzunehmen, Annahme der Sühne durch den (himmlischen) Vater, der die (himmlische) Frau (den Platz für das Marienkloster) schenkt.

Was bei Cuspinian angeklungen war, den Abscheu Herchenhahns erregt hatte, wird seit dem Beginn des 19. Jahrhunderts breit ausgeführt: Nach einem enthusiastischen Lobpreis für die Höhenburg auf dem Kahlenberg führt der Hofhistoriograph Joseph Hormayr Freiherr zu Hortenburg, ein Tiroler, 1814 in seinem „Österreichischen Plutarch“ aus: „Das Andenken dessen, was er an Heinrichen verübt, das Elend, in welchem dieser, bey all seinen Fehlern dennoch und erst in tiefem Unglück wahrhaft große Kaiser geendet, scheint Leopolden bis in das Grab nimmermehr verlassen und gerade da am heftigsten ergriffen zu haben, als Agnes, der Preis jenes unrühmlichen Entschlusses, die seinige ward. Galt auch ihm der Kirche Fluch dafür, wofür Oresten des Vatermords gerechte Rache, dennoch hefteten sich Beyden ‚herzzerreißend und markverzehrend der Erinnyen geflügelte Schlangen an die beängstigte Seele und gleich zähen Schlingen an die flüchtigen Sohlen‘ bis zur Stunde der Sühnung[16].“

Im „Plutarch“ verwies er auch auf ein Gedicht der Karoline Pichler, Tochter des Hofrates Greiner, das er 1811 in seinem „Taschenbuch“ abgedruckt hatte. Unter dem Titel „Der Markgräfin Schleier“ schildert sie das blühende Land Österreich, schildert sie Leopolds Schwermut:

. . . Nicht sein blühend Fürstenhaus,
nicht das Land, das er beglücket,
Diese reiche Ostermark,
bannet die Sorgen, die ihn kränken,
All sein Wünschen, all sein Denken
Wohnet jetzt in Heinrichs Sarg.

Sieh, da naht mit leisem Tritte
Lieblich wie des Mondes Strahl
Sich sein jugendlich Gemahl.
Sie umfängt mit holder Sitte

Des geliebten Mannes Brust,
Zart bemüht ihn zu zerstreuen,
Den Verehrten zu erfreuen,
Ihres Lebens Licht und Lust.

Tröstend über jenen Sternen,
Wo kein Erdenwahn mehr täuscht,
Kein Vergehen Rache heischt,
Zeigt sie ihm in sel'gen Fernen
Des versöhnten Vaters Geist.
„Sieh, er blicket segnend nieder,
Fröhlich seh'n wir uns einst wieder,
Wenn der Zukunft Vorhang reißt."

Also spricht sie, – da ersäuselt
Lauter die bewegte Luft. –
Schneller wallt des Stromes Duft
Von dem Abendwind gekräuselt, –
Um die liebliche Gestalt
Spielt sein Athem frei und freier, –
Und entführt den zarten Schleier,
der ihr schönes Haupt umwallt.

Auf des Windes leichten Schwingen
Schwebt er nieder in das Tal.
Schnell entsendet ihr Gemahl
Boten, ihn zurückzubringen.
Bei der Fackeln hellem Licht
Sieht man sie das Tal durchstreifen,
An des Stromes Ufer schweifen –
Doch der Schleyer zeigt sich nicht.

Nach tagelanger Suche gibt man auf, alltägliche Sorgen lassen das Geschehnis vergessen. Auch der Markgraf findet Ruhe vor seinen Gewissensbissen:

Ja, dies ist der Weg zum Frieden!
Und des Fürsten reuig Herz
Schwingt mit Macht sich himmelwärts.
Nie im Guten zu ermüden
Will er Kirch' und Klöster bau'n,
Reiches Gold der Armuth spenden
Und sein Wohl den heil'gen Händen
Frommer Priester anvertraun . . .

Jahre später wird bei herbstlicher Jagd der Schleier gefunden, durch ein Wunder „unversehrt nach so viel Jahren", Klosterneuburg wird gegründet und:

Lange noch mit Ruhm und Glücke
Herrschet Leupold in dem Land
Und ihn führt des Todes Hand
In die Heimat sanft zurücke.
Dort von Liebe noch gerührt
Blickt er auf sein Östreich nieder
Und beschirmt als Schutzgeist wieder,
Was er rühmlich einst regiert[17].

Die zarte Anteilnahme und ruhige Gleichmut gegenüber den Schicksalsfällen des Lebens dürfte nicht ganz der inneren Einstellung der Karoline Pichler entsprochen haben, eher der zu der historischen Reminiszenz erwarteten Stimmung. Die Frau,

Ludwig Ferdinand Schnorr von Carolsfeld, Die Auffindung des Schleiers durch den hl. Leopold, Anfang 19. Jahrhundert. Bleistiftzeichnung mit Rötelkreide und laviert. Stift Klosterneuburg, Bibliothek.

Ludwig Ferdinand Schnorr von Carolsfeld, Die Auffindung des Schleiers durch den heiligen Leopold, signiert 1842, Detail. Umsetzung der Zeichnung in ein Ölgemälde. Leopoldsberg, Restaurant.

Mittelpunkt eines viel besuchten vormärzlichen Salons, der zwar nicht der allererste, aber wahrscheinlich der lebendigste war, konnte ihre Meinungen und Neigungen energisch vertreten, aus ihren Gefühlen keinen Hehl machen, kurzum: Aus ihren „Denkwürdigkeiten" ist ein differenzierteres Bild ihrer Persönlichkeit zu gewinnen, auch was ihre Vorstellungen über den weiblichen Umgang mit dem Ehemann betraf.

Der Band des „Taschenbuchs", der durch das Gedicht der Karoline Pichler eingeleitet wird, trägt als Widmung ein Bild der Kaiserin Maria Luise. In dieser Zeit entstanden auch Historienbilder, „Ihrer k. k. apostolischen Majestät Marien Luisen Kaiserin von Österreich geweiht": „Szenen aus der Vaterlandsgeschichte", gemalt von dem „akademischen Historienmaler Perger", nach einer vom Freiherrn von Hormayr angeregten Stoffauswahl, die sich von dem Bestreben leiten ließ, das vaterländische Gefühl der Gegenwart zu steigern. Das 1812 gestochene Blatt 6 der Serie stellt dar: „Das Wiederfinden des Schleyers der geliebten Agnes veranlaßt die Gründung Klosterneuburgs durch Leopold den Heiligen." Nur noch ein Bild aus der Leopoldsgeschichte ist in die „Szenen" aufgenommen worden: die demütige Ablehnung der Königskrone (im Titel des Bildes: „Kaiserwürde") durch den Heiligen.

Zu den von Sigmund von Perger gestalteten Themen, die vielfach aufgegriffen, wiederholt und weiterentwickelt worden sind, gehört auch die Schleierauffindung. Dieses Thema wurde etwa von Moritz von Schwind um 1823 für den Zyklus „Österreichs Sagen und Heldenmahle" gewählt. Auch sein Lehrer, der Hormayr-Freund Ludwig Ferdinand Schnorr von Carolsfeld, gestaltete es mehrfach. Im Gegensatz zu der unbefangenen Natürlichkeit Schwinds ist Schnorrs Blatt bedeutungsschwer gefühlsbeladen. Vollends zu süßlichem Historientheater gerät der Gegenstand in der monumentalen Ausführung als sechs Meter langes Ölgemälde. Ursprünglich für das Klosterneuburger Stiftsrefektorium bestimmt, nimmt es heute eine Wand des Saales im Restaurant auf dem Leopoldsberg ein: Inmitten zahlreichem Gefolge das hohe Paar, beide auf edlen Pferden. Während der heilige Fürst, den Blick himmelwärts gewandt und die hermelinverbrämte Kopfbedeckung (Fürstenhut) demütig in der Hand, mit der Rechten auf den Schleier weist, halten das Pferd der Markgräfin und seine Reiterin den

Der Sturmwind entführt den Schleier der Gemahlin Herzog's Leopold von Oestreich, auf dem Kahlenberger Schlosse. Kupferstich nach einer Zeichnung von Franz Josef Dobiaschofsky, um 1850.

Kopf gesenkt. Vom Haupt der Fürstin weht unter dem Hermelinhut ein zarter Schleier, die Hände sind zum Gebet gefaltet. Hoch über ihren Häuptern ragt die Kahlenberger Burg.

Der Hang zur Gestaltung der Szenen mit immer größerer Öffentlichkeit verstärkt sich weiter, das Gefolge um den Schleierbaum wird immer zahlreicher. Während aber die Auffindung des Schleiers seit jeher die Anteilnahme von Öffentlichkeit, von Zeugen, erforderte, um so das Wirken Gottes offenbar zu machen, gerät die intime Szene des Schleierverlustes allmählich zu einem Publikumsschauspiel: Der Stich des Akademieabsolventen Franz Josef Dobiaschofsky zeigt das Paar auf dem Balkon der Burg, umgeben von Hofdamen und Knappen. Der alternde Markgraf, mit Erzherzogshut und Heiligenschein, sitzt als weiser Patriarch auf einem ebenso bequemen wie repräsentativen Stuhl, vor ihm seine jugendlich-schlanke Gemahlin, die Hand nach dem entschwindenden Schleier ausgestreckt. Dieser, wie ein Vorhang zusammengehalten, macht einen respektvollen Bogen um den ausgestreckten Arm der jungen Fürstin, die Hofdamen blicken dem kostbaren Gegenstand erschrocken bis entsetzt nach. In der Darstellung des Markgrafenpaares schwingt die gängige Auffassung der Maria-und-Josef-Ikonographie mit.

Volkstümlicher war die häufig wiederholte Darstellung des Themas durch Heinrich Schwemminger, einen Professor der Wiener Akademie; sie gerät in die Nähe des Andachtsbildes. Im Laubwerk des Baumes erscheint in einer Glorie auf dem wolkenähnlich sich hinziehenden Schleier – umgeben von Engeln, von denen einer ein Kirchenmodell hält – Maria in einem die Gestalt völlig verhüllenden Gewand, eine kleine Krone auf dem Haupt, und hält vor sich das Christkind, auf einer Kugel stehend. Zu dieser Erscheinung blickt kniend der Markgraf auf, hinter ihm steht anbetend seine Gemahlin. Markgräfin Agnes, dominierend und kompositorischer Mittelpunkt des Bildes, erscheint als Abbild der Immakulata, mit offenem Haar, wehendem Schleier und einer kleinen Krone, ähnlich der der Maria.

Ganz im Gegensatz dazu wurde das Thema von Johann Nepomuk Geiger als reine Historienmalerei gestaltet. Die Illustration zum 14. Bild des ersten Bandes der „Vaterländischen Immortellen“ von Anton Ziegler, der im Jahr 1838 erschienen ist, zeigt Leopold mit Gefolge zu Pferd. Leopold ist mit einem Speer bewaffnet, das Zaumzeug des Pferdes trägt das Fünf-Adler-Wappen, vom Erzherzogshut des Reiters schwingt sich eine riesige Feder, fast doppelt so groß wie sein Kopf. Im parallelen Gegenschwung hängt der Schleier von einem Baum, ein Knappe ist hinaufgestiegen, ihn von den Ästen zu lösen. Im Hintergrund die Burg. Nichts Himmlisches, keine Andeutung von Wunder. Im dazugehörigen Text unter dem Titel „Die Gründung des Stiftes Klosterneuburg“ wird wieder der Treubruch Leopolds thematisiert. „Er entdeckte unverholen sein reuiges Gemüth der frommen Markgräfin, der unglücklichen

Heinrich Schwemminger (1803–1884), Schleierfindung.
Stift Klosterneuburg, Sammlungen.

Kaisertochter, und bat sie um ihren Rath, was er zu thun habe, um seinen Fehltritt bei Gott wohlgefällig abbüssen zu können. Da rieth ihm nun seine Gemalin Agnes, sich einen Ort zu wählen ... Willig hörte der Markgraf der theuren Gemalin Vorschlag an, als auf einmal ein sanfter Windstoß schnell und unversehens den Schleir derselben hinweg trug ..." Ein sachlicher Bericht, eine sachliche Beratung, ein geplanter Erfolg. Dazu eine Genauigkeit der Recherchen – zu der Schleierauffindung wird in einer Fußnote notiert: „Es ist ungewiß ob nach 23 Tagen, oder nach mehreren Jahren (angeblich auch nach 9 Jahren) sich diese Begebenheit mit dem Wiederfinden des Schleiers ereignete[18]."

Voll Gefühl, voll düsterer Schuld- und lichter Erlösungsgedanken ist dagegen eine 1854 veröffentlichte Ballade von Johann Nepomuk Vogl, die sich eng an das Vorbild Gleichs anlehnt:

Von seinem Schloß zur Waldesnacht
Der Markgraf niederschaut,
Zur Seite ihm die schönste Frau,
Erst kurz ihm angetraut;
Doch strahlt aus beider Blicken nicht
Der Freude Widerschein,
Was sich in ihrem Antlitz malt,
Scheint inn'rer Harm zu sein.

Verließ er Kaiser Heinrich doch,
Und hielt es mit dem Sohn,
Weil er die schöne Agnes ihm
Versprach dafür zum Lohn;
Nun nagt der Gram in ihrer Brust,
Daß solches er getan,
Nun krallt der Geier Reue sich
An seine Seele an.

Drum faltet er die Hand, erfüllt
Von heißem Sühnungsdrang.
D'rum netzt der Gattin Träne ihm
Die gramgebleichte Wang'.
„Ja, sühnen laß, o Agnes, uns
Die blutigschwere Schuld,
Damit dem Reuigen verzeih'
Des Allerbarmers Huld!"

„Ein Kloster laß uns auferbau'n,
Wie keines steht im Land,
Daß Mönche im Gebet für uns
D'rinn falten ihre Hand."
Und schluchzend schlingt um Leupolds Hals
Frau Agnes ihren Arm.
Und süß wie Tau auf Blumen senkt
Sich Trost in ihren Harm.

Da rauscht's vorbei wie Geistergruß,
Was war's? Was ist gescheh'n?
Den Schleier nahm von Agnes Haupt
Hinweg des Windes Weh'n.
In leichter Schwingung wallt er schon
Hinab ins dunkle Tal,
Noch schwebt er, – noch, – da hüllen ihn
Die Wipfel ohne Zahl.

„Mein Hochzeitsschleier“, seufzt betrübt
Frau Agnes; – „fahre hin!,
Schwand doch ein schön'rer Schleier schon
Vor dem enttäuschten Sinn!“
Herr Leupold aber ruft sogleich
Die Diener all' herbei,
„Hinab ins Tal, und suchet wo
Agnesen's Schleier sei!“

Und hastig durch den Eichenforst
Zerstreut sich jung und alt,
Und spähet in Gesträuch und Kluft,
In Bruch und Felsenspalt,
Umsonst jedoch durchstöbern sie
Die dichte Waldesnacht.
Entschwunden scheint der Schleier fast
Durch überird'sche Macht.

Schon schwand des Sommers üpp'ge Pracht,
Das Laub entschwebt dem Baum,
Da schreckt des Hornes lust'ger Schall
Den Wald aus seinem Traum;
Mit Sang und Klang, mit Ruf und Hall,
Durchzieht's den wald'gen Gau,
Als noch der Berge Gipfel rings
Gehüllt im Nebelgrau.

„Hallo, hallo!“, schon fliegt der Hirsch
Dahin im raschen Lauf,
„Hallo, hallo, ihr Jägersleut'
Nur rüstig dran und drauf!“

Herr Leupold nur mag teilen nicht
Der Jäger wilde Lust,
Der trabt dahin auf ödem Pfad,
Den Wurm in seiner Brust.

Der sinnt nur, wo er wohl erbau'
Das neue Gotteshaus,
Und merkt nicht, wie von ihm schon fern
Das lust'ge Jagdgebraus.
„O Herr, gib durch ein Zeichen mir
Zum Bau die Stelle kund,
Wann gnädig meiner Reue du!"
So flehet still sein Mund.

Und horch, ein laut Gebelle schallt
Da plötzlich an sein Ohr,
Und hastig folget er dem Ruf
Durch Dorngehürst und Rohr;
Was zieht er da die Zügel an
Und starrt als wie erschreckt?
Was ist es, was sein Auge dort,
So selt'nes hat entdeckt?

Was schimmert am Holunderbaum
Wie Schnee im Morgenlicht?
Der langvermißte Schleier ist's.
Nein, nein, er täuscht sich nicht!
Und rasch vom Rosse schwingt er sich
Herab und sinkt ins Knie:
„Preis dir, o Herr, daß deine Huld
Dies Zeichen mir verlieh!"

Und in das Hüfthorn stößt er drauf,
Daß fernehin es schallt,
Und schon auch kommt's herangebraust,
Noch eh' sein Ton verhallt,
Und freudig weiset er der Schar
Den Schleier drauf am Baum,
Und alles steht verwundert da,
Und traut dem Auge kaum.

„Durch diesen Schleier“, ruft er, „ward
Des Herren Huld mir kund,
Drum sei zum neuen Kloster auch
Gelegt allhier der Grund,
Mit Turm und Erker soll es sich,
Zu Gottes Ehr’ und Preis,
Erheben wie kein zweiter Bau
In meiner Marken Kreis!“

„Und Neuburg soll für alle Zeit
Des Klosters Name sein.
Weil hier aufs neu’ der Gnade Strahl
Ins Herz mir drang hinein;
Auch sei der Schleier und der Baum,
Drauf ihn mein Aug’ gewahrt,
Dem Enkel in des Klosters Raum
Für späte Zeit bewahrt[19].“

Das Schuld-Sühne-Trost-Thema wurde mehrfach variiert: Bisher war der Markgraf der Schwermütige, den seine Frau tröstet, im 1849 erschienenen „Der Babenberger Heldensaal“ eines „Biedermeier“, hinter dem sich Josef Franz Emil Trimmel verbarg, ist es dagegen die Schwermut der Markgräfin, die nur durch den Klosterbau vertrieben werden kann:

Markgraf Leopold der Fromme,
Feierlich zu Mölk getraut,
Führt Agnesen aus dem Dome
Nach der Burg, die er gebaut.

Lieblich wechseln Au und Hügel,
Sang erfreut die schmucke Schar,
Nach der Donau lenkt den Zügel
Das getraute Minnepaar.

Auf des Kahlenberges Rücken
Steht das neue Fürstenschloß,
Agnes sieht es mit Entzücken,
Tränen feuchten ihren Schoß.

Wehmut scheint ihr Herz zu leiten,
Als sie durch den Marmorsaal,
Durch die Prunkgemächer schreiten,
Jubelruf tönt überall.

Er nur kann den Schmerz sich deuten.
An des Erkers sich'rem Rand
Drückt er sanft vor Land und Leuten
An das Herz der Gattin Hand.

Sieh, man staunt ob deiner Schöne!
Ach, sie wissen nicht wie reich
Dein Gemüt. Wie rein die Träne!
Ich nur fühle mit dir gleich.

Kann nicht ungeschehen machen,
Was mein liebend Herz getan,
Allzu spät war mein Erwachen,
Reue nur versöhnen kann.

Und der Vater soll sie schauen.
Will am Fürstenschlosse hier,
Bald ein Münster ihm erbauen,
Mir zum Troste, so wie dir.

Und in stiller Abendfeier,
Als er diese Worte spricht,
Zieht ein Luftzug sanft den Schleier
von Agnesens Angesicht.

Ähnlich einer Lämmerwolke
Segelt er in heit'rer Luft,
Ach, ein Wunder scheint's dem Volke,
Aufgelöst in Farbenduft.

Leopold nur, voll Vertrauen
Spricht: „Des Himmels Gnade winkt,
Bald sollst du das Münster schauen,
Wo der Flor zur Erde sinkt."

Unter Leopold dem Frommen
Ward das kleine Land beglückt;
Keine Klage ward vernommen,
Und von keiner Last gedrückt,
Ward der Nährstand kühn und reich,
Dünkte sich dem Wehrstand gleich.

Auch die nachbarlichen Horden
Schlug er zweimal in die Flucht,
Niemand durfte sengen, morden,
Denn er hielt auf strenge Zucht.

Trug auch zu den Klosterbauten,
Für des Landes Wohlsein bei,
Und in frommen Dankeslauten
Pries ihn Volk und Klerisei[20].

Im gleichen Jahr wie Johann Nepomuk Vogl artikulierte der vielseitig gebildete liberale Großbürger Julius Schindler unter dem Pseudonym Julius von der Traun seine politischen Hoffnungen durch eine Sammlung „Die Gründung von Klosterneuburg". Vielleicht hoffte er durch die Behandlung eines patriotischen Themas seine schwierige Stellung im Staatsdienst zu festigen. Tatsächlich verlor er in diesem Jahr seinen Posten als Staatsanwalts-Stellvertreter in Graz, da „er im Jahre 1848 durch die Herausgabe der in Steyr erschienenen Zeitung ‚Zwanglose Blätter aus Oberösterreich' Principien vertreten habe, welche den gegenwärtigen Grundsätzen der Regierung nicht entsprechen". Noch aber war es nicht dazu gekommen, und der Band begann mit einer Widmung „zum 24. April 1854", dem Tag der Hochzeit des jungen Kaisers Franz Joseph mit der bayerischen Prinzessin Elisabeth:

Es wuchs im tiefen Forste
Gewalt zur Uebermacht:
Der Adler in dem Horste,
Der Bär in Tannennacht,
Der Wolf mit scharfem Zahne,
Der Fuchs mit rother Fahne –
Dem Reh' und dem Fasane
Ward der Prozeß gemacht.

Wo rings auf Feld und Halde
Die zahme Heerde ruht,
Die Kämpen aus dem Walde,
Sie holten sich Tribut;
Der Weizen und die Trauben,
Die Lämmer und die Tauben
Das Prangen, Prassen, Rauben –
Es schmeckte gar zu gut.

Da kam der Herr der Marken,
Stieß in sein Jägerhorn –

Wie strichen all' die Starken
Davon durch Korn und Dorn!
Doch blieb's ein banger Frieden
Und Wild und Heerden schieden –
Es flüstert an den Rieden
Aengstlich das hohe Korn.

Der Jäger am Gestade,
Wo still der Biber baut,
Hält an auf grünem Pfade –
Den Augen er nicht traut:
„Hollunderstrauch am Weiher!
Von deinen Zweigen theuer
Weht mir ein holder Schleier,
Der Schleier meiner Braut!"

Der Schleier war gefunden,
Die Waldesnacht verschwand,
Am Strome sanft gewunden
Lag sonnenhelles Land.
Auf Friedens gold'ner Brücke
Entfloh'nes kam zurücke
Und zu dem alten Glücke
Sich neues fröhlich fand.

– Ich höre Jubellieder,
Ersehntes will gescheh'n!
Ich seh' den Schleier wieder
Von edlem Zweige weh'n!
Frohlokt – er ist gefunden,
Die Wildniß überwunden!
Oestreich – in sanften Stunden
Will neu dein Glück ersteh'n[21]!

Galt es für Gleich, das junge österreichische Kaisertum der Napoleonischen Bedrängnis zum Trotz als den „österreichischen Weg" zu feiern, dessen Sinnbild der Schleier sein sollte, so gestaltete Schindler diesen Aspekt weiter aus. Schuld und Sühne, Reich (Krone) und österreichisches Kaisertum (Schleier) sind Thema eines Schauspiels, vom Autor als „Gedicht" bezeichnet, das mit dem Satz Leopolds schließt:

Die Liebe für mein schönes Oesterreich
Hat meine Pflicht auf's Holdeste begränzt.
Ihm leb' ich nur allein – wer Oesterreich
Beherrscht, ihn locket keine andre Krone[22]!

Um die Eigenart der Auseinandersetzung Schindlers mit österreichischer Geschichte und Gegenwart und die Reflexionen zeitgenössischer Mentalität kennenzulernen, einige in unserem Zusammenhang bezeichnende Ausschnitte aus dem Werk, das nach Jahren gegliedert ist:

„1106"

...

Conrad [*von Peilstein, Graf*].

Die edle Hausfrau lebe
Und tausend Freuden schenk Ihr jeder Tag!

Ottokar [*Markgraf von Steier*].

Ich habe – Schwägerin – ein klein Geschenk
Für Dich – es kommt Dir von zwei theuren Frauen –

Agnes.

Und von zwei theuren Händen, – von den Deinen.

Ottokar.

Zwei theure Frauen – keine kanntest Du.
Die Eine ruht in meinem Stift zu Garsten
Und ihrer Liebe unerschöpften Schatz
Verschließt des Todes unverletzlich Siegel.
Doch von der Anderen Leben blieb uns nur
Ein ängstlich Hoffen, eine theure Sage,
Die aus den Palmenthälern Chorazans
Mit Klagetönen uns're Herzen grüßt.

Leopold.

Er spricht von Elsbeth, meiner todten Schwester,
Von meiner Mutter, die im Morgenlande
Verschollen ist.

Ottokar.

Spät war es im October,
Der Bäume Laub flog mit dem Sturm an's Fenster.
Die Gattin lag im Sterben. Schmerzhaft rang
Sich aus der kranken Brust die leise Rede:
„Den Schleier, den ich trug am Brautaltare,
Den meine Mutter überkünstlich webte,
Gieb meinem Bruder Leopold; denke d'ran
Und thu' nach meinen Willen, wenn ich todt bin.
In diesen Fäden wohnt der Mutter Segen
Und glücklich ist das Haupt, das er bedeckt.
Er soll der Gattin Scheitel damit schmücken
Und so das falsche Glück an ihre Schläfen
Und an sein Haus, an all' die Seinen bannen,
Weil er des Stammes Haupt und Herrscher ist."
Da jetzt der Feste Jubel ist verbraust
Und häuslich Glück Euch dauernd soll beginnen,
So nimm von mir den zarten Talismann,
Geliebte Agnes, mög er sich bewähren.

Agnes.

Sieh Leopold das künstliche Gewirre
Von Palmenblättern und von fremden Blumen!
Nimm Ottokar von mir den frohsten Dank
Und willig mag ich glauben, daß mir Segen
Dieß seltene Gewebe bringen wird.
Ich danke Dir, und auch den Andern allen
Für Scherz und Lust und herrliches Geleit.
Sie heftet den Schleier an ihr Haupt.

Leopold.

Fürwahr, seitdem der Babenberger Burg
Zu Melk sich in den Donaufluthen spiegelt,
Hat nie ein Fest, wie meine Hochzeit fröhlich,
In ihren alten Hallen sich erhoben.
So unter Freuden nahm ich meinen Auszug
Aus jenem enggewordenen Vaterhause
In dieses neue hoffnungsreiche Schloß,
Aus dem ich Glauben will und milde Sitte
Weit in des Ostens Flächen siegreich tragen.

Ottokar.

So sprichst Du recht von Oesterreichs Berufe
Ermüd' es nie der lange schwere Kampf!

Conrad.

Nie wird der Kampf um eine heil'ge Sache
Ermüden edler Männer kühne Arme,
Jedoch der Gast, der allzulange weilt,
Ermüdet stets der Hausfrau strenge Sorge.

Agnes.

Du denk'st doch nicht an's Scheiden, guter Conrad?

Heinrich.

Die Rosse steh'n gezäumt im Hofe drunten
Und kurz soll unser Abschied sein. Lebt wohl!

Ottokar.

Es trennt das Herz sich schwer von seinen Freunden,
Doch der Verstand zerreißt das süße Band,
Er zäumt das Pferd, er winket uns zu wandern.
Es bleibt den Scheidenden der stille Wunsch
Und Euch – den Bleibenden – das stille Glück.

Conrad.

Wohlan denn, Handschlag, Kuß und aufgesessen.

Leopold, ängstlich.

Von Scheiden sprecht Ihr, vom Zurückebleiben?
Wie ist auf einmal seltsam mir zu Muth?

Die Lampen eines Freudensaals verlöschen
Und in der kalten Dunkelheit verstummt
Der letzte Klang der Flöten und Theorben.
Der Speisen und des Weines Ueberrest
Steht nun verschmäht, die Gäste trollen sich
Und öder wird's im Hause als zuvor.
So nahen sich des Grams unholde Geister
Mit neugeschärftem Stachel meinem Herzen –

Agnes.

Mein Gatte, welche Stimme, welche Worte?

Leopold.

Wer sprach? wir oder sprach ich selber dieß?
Folgt es mir auch in diese neuen Räume?

Agnes.

Mein Gatte, lenk' Dein Auge doch auf mich!
Was stierst Du in das Graue, Wesenlose?

Ottokar.

Was ist Dir Schwager? bist Du krank? o fühle
Den Druck doch meiner treuen Freundeshand.

Leopold.

Wo sind wir – sprecht, ist etwas vorgegangen?

Agnes.

Du bist bei mir!

Leopold.

Bei meiner Agnes bin ich!

. . .

Agnes.

So nehmt von mir des Herzens besten Segen
Und alles Glück in Eure Heimat mit
Und Gruß und Kuß an die geliebten Sippen.
Nicht auch von Dir mein Gatte?

Leopold.

Von mir? – An jeden – alles was ihn freut.
Ist's recht so? Ja fürwahr Ihr scheidet Alle,
Bleibt treu und wanket nicht.

Ottokar, zu Agnes.

Nimm ihn in Acht,
Er kränkelt.

Agnes.

Ach! Es scheint nicht von Bedeutung.
Dieß düstre Wesen ist so seine Art.

Ottokar, Heinrich und Conrad entfernen sich.

Agnes.

Jetzt geben ihren Pferden sie die Sporen,
In grüner Waldesnacht verschwinden sie.
Lebt wohl! Lebt wohl! An meinem Ehrentage
Wart ihr die letzten und die liebsten Gäste.
Doch Du, mein Leopold, wenn alle scheiden,
Und alles mich verläßt, Du bleibst bei mir,
Der Erste und der Letzte meinem Herzen.

Sie schlingt den Arm um ihn.

Leopold.

O könnt' ich Dir ein unverwundet Herz
Ein vorwurfloses Leben bieten. Ach!
Du bist von einem Sarg zu mir gekommen,
Um auszuruh'n in einem Trauerhause.

Agnes.

Bist Du so trüb, so schöner Länder Herr!
Horch ist's nicht Conrad's Waldhorn, das uns tönet?
Ist's der Cicaden schwirrend Wiesenlied?
Was ruft so süß erklingend durch die Luft?

Leopold.

Es sind die Nachtigallen meiner Donau;
Ein Völkchen arm, genügsam, unscheinbar,
Doch voll von ewig frischem Liedersegen –
Kein Land ist so wie mein's, an Sängern reich!

Agnes.

Mein Herz empfindet tief den Sinn der Töne –
Mein Leopold sei glücklich, liebe mich!

Leopold.

Es weht der Abend schon mit kühlen Schwingen,
Komm von dem Söller –

Agnes.

Laß mich weilen noch,
Bis alle Rosen aus den Abendwolken
Gefallen sind und bis der Donau Wellen
Den letzten Klang in Schlaf gewieget haben.

Leopold geht vom Söller in die Gallerie herein.

Was mir aus allen Räumen schmelzend klingt,
Es ist das uralt heil'ge Lied der Liebe;
Und ob der Haß auch seine Reiter rüstet
Und Heere schlägt und Stadt und Burgen bricht,
Es klinget unverstimmt – das Lied der Liebe,
Hab ich ihn je gehaßt? – Das war es nicht –
Ich hab ihn nie gehaßt – und doch verrathen!
Wie treue Herzen sich so lieblich grüßen,
Von Ast zu Ast in maiengrüner Au –
Ich brach mein Wort! – O singt nicht mehr –
Wie seid ihr grausam meine Nachtigallen!

Agnes, auf dem Söller.

Jetzt tritt der Mond aus dem Gebirg hervor
Und streut verschwenderisch sein reines Silber
Auf Wies' und Wasser – auf bethaute Saaten[23].

Maria, eine Magd aus der Umgebung Kaiser Heinrichs IV., eine der wenigen, die bei ihm ausgeharrt haben, bringt die Nachricht von seinem Tode. Ihre ausführliche Schilderung enthält die letzten Worte des Kaisers:

Ich sterbe, sprach er, trage du Maria,
– Das hat er sanft mir in das Ohr geflüstert –
Zu Agnes trage du mein letztes Grüßen.
Sie war mein liebstes, ja mein einz'ges Kind –
Von Allen hat nur sie mich nicht verrathen!
Sag' ihr – mein Herz ist Allen worden gram,
Für sie allein möcht' es noch länger schlagen.
Sag ihr – sie solle beten, still für mich,
Für ihren Mann, daß er sie nicht betrüge
Und nie verrathe, wie er mich verrieth[24].

Die Botin berichtet ferner von der unversöhnlichen Haltung des Sterbenden seinem Schwiegersohn gegenüber, aber auch von einer dunklen Verheißung:

Der Herr verschließt ihn nicht um Menschenzorn.
Dieß ist das Zeichen, das er soll erkennen:
Es liegt ein Talismann in seinem Haus,
Der wird mit Schrecken bald davon genommen.
Bis den der Zufall wieder bringt zurück,
Soll er in freudenlosen Jahren büßen
Den unnatürlich hämischen Verrath.
Doch kehrt der theure Talismann zurück,
Soll mit Verzeihung kehren ihm das Glück
In Haus und Herz und Land mit höchstem Prangen.

Die Gestalt Kaiser Heinrichs IV. erscheint und stellt sich hinter Agnes.

Dann brach das Aug', das zwei und sechzig Schlachten
Zum Sieg gelenkt.

Agnes.

Der Wind faßt meinen Schleier!

Leopold fährt auf und erblickt die Gestalt, die den Schleier von Agnesens Haupte löst und damit gegen den Söller fortschreitet.

Er ist's! Gieb Gnade – Gnade gieb mein Kaiser!
Nimm nicht mit Dir, nimm grausam nicht des Herzens,
Des Landes Glück! Ja – Du bist todt, verkannt
Erniedriget und arm bist Du gestorben.
Halt ein – Du strafst Unschuldige für mich –
Und mich strafst Du in den Unschuld'gen doppelt
Er hört mich nicht! Agnes er hört mich nicht!

Agnes.

Wo starrst Du hin? Siehst Du den Schleier fliegen!

Die Gestalt schwebt mit dem Schleier durch den Säulengang hinaus in's Freie.

Ein Engel entführt den Schleier. Bleistiftskizze von Leopold Kupelwieser, 1835. Niederösterreichisches Landesmuseum, Wien.

Leopold tritt an's Geländer der Gallerie und streckt die Arme hinaus.

Verschone mein geliebtes Oesterreich,
Das Land, für das ich mich mit Treuebruch
Befleckt! – Die Bäume heben sich empor
Wie Riesenfinger – alle Thäler klagen
Und fluchen mir, die Donau rauscht Verwünschung –.
Brause nicht auf – du unverständig' Land –
Denn was geschah, geschah für dich – aus Liebe!

Er sinkt, Agnes und Maria springen ihm bei – die Gestalt mit dem Schleier taucht in die schweigenden Wälder des Donauthales hinab[25].

„1128" [Dem Markgrafen winkt die Königskrone.]

Agnes.

Ich sah den Wald noch nie in schön'rer Pracht.
Noch nie hat stolzer mir sein Laub gerauscht,
Nie hat er majestät'scher seine Wipfel
In goldig blauer Abendluft gewiegt!
Die Vögel singen jubelvolle Lieder
Und Hirsch und Hinde gehen sicherer,
Als wär' heut Menschen alle Macht genommen
Auf grüner Halde, Pracht und hohen Sinn
Und freie Herrschaft athmet um mich Alles!
Ich weiß nicht, ist's ein alter Herzenstraum,
Der neu erwacht mit kaiserlicher Pracht,
Wie oder streut der Hoheit lichte Funken
Ein mir unsichtbar Etwas durch die Wildniß?
Vorwärts, wir gehen Wundern auf der Spur!

Was seh' ich, so viel edle Herrn vom Rheine!
Graf Isenburg, ihr seid mir wohl bekannt,
Von Solms, der Graf von Hanau –

Sie erblickt die Krone.

Ist's ein Traum?
Sehen meine Augen väterliches Erbgut.
Das wieder suchet meinen edlen Stamm.
Der diese Krone besser trug als jeder,
Und besser tragen wird, als Alle, die
Noch kommen werden?

Naht und seht den Stern!
Die Krone seht, die stolz mein Vater trug,
Die man ihm stehlen, doch nicht rauben konnte!
O seht, es hat uns ihre heil'ge Nähe
Mit seinem schauervollen Laubgeräusche
Der alte Wald verkündet, selbst das Wild
Erkannte froh den Frieden ihres Bannes,
Des Forstes Blumen sprühten Weihrauchdüfte
Und Psalmen quollen aus den Vogelkehlen!
Sei mir gegrüßt, die du des Vaters Ehre
In deinem immer klaren Glanze spiegelst,
Die hinter deinen feurig hellen Strahlen
Des Bruders Schande du verbergen kannst.
Sei mir gegrüßt, wie ich den Frühling nicht
Und nie mein Kind, die Liebe nie begrüßte!

Isenburg.

Das nenn' ich rechtes Grüßen, hohe Frau.
Sieh trüber Markgraf Deine Gattin! Fröhlich
Grüßt sie das Glück.

Leopold, halb für sich.

Ihr Herz ist ohne Schuld[26]!

. . .

Agnes.

Es blitzt der Abendstern herunter, wie
Die Spitze eines Schwertes, das voll Muth
Ein Held erhebt. Nimm Leopold die Krone!

Leopold.

Die Luft ist leer. Es seufzet in den Büschen
Der Abendwind und bringt mir keinen Trost
Auf seinem weichen Fittig hergetragen!

Agnes.

Was soll er bringen?

Leopold.

Denk' an jenen Schleier,

Den einst der Wind von Deinem Haupte hob
Und ohne Spur der Trauernden entführte.

Agnes.

Seit jener Stunde plagt Dich quälender
Die tiefste Schwermuth.

Leopold.

Seine Wiederkehr
Allein kann heilen mich und neu beleben.

Agnes.

So weichlich hat der Unmuth Dich gemacht,
Daß eine Krone Du verschleudern willst
Um ein Geweb' von Frauenhand?

Leopold.

Vorbei
Die Tage wo mein Herz von Kronen träumte!
Die alten Wünsche sind mir fremd geworden
Und was in Wogen lebt und was die Erde
Mit seinem Tritt berührt, was in den Lüften
Den Fittig schwingt, was leblos ruht und wächst,
Was athmet, blüht und denkt, ich wünsche nichts
Von alledem, wie jenes Schleiers Flug,
Daß er in dieser Stund' sich niedersenke!

Isenburg.

Dort stürzen Rüden sich in ein Gebüsch –
Mit freudigem Geheule springen sie
An einem blüthenvollen Baum empor!
Es glänzt aus grünem Laub wie Taubenflügel,
Es nimmts der Wind, er löst es von den Aesten,
Er trägt es her –

Der Wind trägt der Markgräfin Schleier in die Zweige des blühenden Hollunderstrauches, unter dem Leopold steht.

Leopold.

Es ist Agnesens Schleier!!

Graf Isenburg löst den Schleier aus den Aesten und giebt ihn dem Markgrafen.

Leopold drückt ihn an die Lippen.

Er ist's und wie ein Vorhang wallt er nieder
Vor meinen bösen Stunden – lieblich scheidet
Er bessere Zukunft von vergang'ner Qual.
Entzückt seh' ich in eitel Nichts zerfließen
Die schreckenvollen Bilder meines Wahnes,
Die Todten nimmt zurück die stumme Gruft.
Versöhnung athmen Wolke, Flur und Wald,
Vergebung thaut herab aus blauen Höhen
Und Gottes Finger hat mein Herz berührt.

Agnes.

Fürwahr es ist das kostbare Gewebe
Und soviel Glück kehrt uns mit ihm zurück.

Leopold.

Ja, zu beglücken bin ich neu geboren,
Zu kühnen Thaten und zu stillen Wirken
Kehrt blühend mir der alte Drang zurück.
Des Schuldbewußten Seele ist entlastet,
Des Lebens Wege sind mir wieder offen –
Ruhm, Muth und Ehre, Freundschaft, Liebe, Lust!
Was ist's das Oestreich nicht erreichen könnte,
Wenn sich der Fürst zu seinen Männern stellt?!
Er schwingt die Fahne über's stolze Haupt
Und vorwärts Hand in Hand und Held an Held
D'rum sei mein Vaterland ein frohes Reich,
Ein Reich der Eintracht und der Gottesfurcht,
Des Fürstenglücks, der Unterthanentreue,
Der Tapferkeit, des Frauenlobs, der Lieder!

Agnes.

O froher Tag! – O komm auf uns're Burg!
Dort zeige Deinen Kindern, was sie nie
Gesehen – ihres Vaters frohes Antlitz.

Kaplan und Vogt, wie Knecht und Magd, die Rüden
Im Zwinger und das Streitroß in dem Stall –
Die Tauben auf dem Dache wird's erfreuen[27].

Was bei Schindler in Gestalt der Reue (Heinrich IV.) erscheint, um den Schleier mit sich zu nehmen, hatte bereits bildliche Tradition: Leopold Kupelwieser entwarf 1835 in einer Bleistiftzeichnung die Entführung des Schleiers durch einen Engel.

Während Schindler das Streben nach der Reichskrone als den Frieden in Österreich oder besser Österreichs gefährdend schildert – nicht ohne Blick auf den „Bruderzwist" Österreichs und Preußens in Hinblick auf die deutsche Frage –, wird, nachdem auch dieser Konflikt 1866 blutig entschieden war, der Schleier zum Symbol des Friedens und Wohlergehens Österreichs ganz allgemein. Noch zur Zeit des Bestehens der österreichisch-ungarischen Monarchie hat sich Richard von Kralik mit der Symbolik des Schleiers im allgemeinen beschäftigt und für die des Agnesschleiers folgende Worte gefunden:

„. . . So unzählig und unerschöpflich sind die Sagen von diesem Schleier. Uns hat die eine, schöne von dem Schleier der Agnes . . . all die vielen in Erinnerung gebracht. Und all diese vielen [die Assoziationen reichen vom Bildnis zu Sais über das Schweißtuch der Veronika bis zum Gewand des Herakles] geben uns erst wieder den Schlüssel, die eine, schöne recht zu verstehen.

[Sommer 1105 am Regenfluß:] . . . In Leopolds Brust wüthet ein harter Kampf widerstreitender Pflichten. Er muß die Treue entweder gegen seinen Kaiser oder gegen seine Kirche verletzen. Hat hier der Schleier der Agnes endlich den Ausschlag gegeben? Genug, er tritt in die Reihen des Jungen Heinrich und empfängt den schönen Preis . . . [Mitten in ein Fest kommt die Nachricht vom Tod des Kaisers:] Da leuchtet wie mit einem Blitzschlag dem Markgrafen das Bewußtsein seiner That auf: er war es vor Allen, der durch seine Untreue diese Schmach verschuldet. Seine bittersten Selbstanklagen kann weder der liebreiche Zuspruch seiner Gemalin, noch der seiner Priester zum Schweigen bringen. Im Sturm, der nun über die Burg hinweg rast, glaubt er den Zorn Gottes selber zu hören. Und als gar vom wüthenden Sturmwind ergriffen der Schleier seiner Braut zum Schreckenszeichen hinweg und aufwärts gegen den dunklen Himmel gerissen wird, verschwört er sich, so wenig Trost finden zu können und zu wollen, als er jemals den entrafften Schleier finden solle . . .

Er sinnt darüber, wie die Natur mit jedem Lenz neu aufersteht in neuer Unschuld und die Spuren der Zerstörung und des Todes lieblich tilgt, doch wie das Menschenherz einmal verwundet nicht mehr heilt. Und sieh, da erblickt er, aufschauend wie auf ein Wunder, in den Zweigen eines Holunderbusches, jener heiligen Pflanze der Holda, den Schleier seiner Gemalin, das Zeichen, auf das er sich einst vermessentlich berufen. Er ruft die Seinen herbei, ihnen das Wunder zu zeigen. Sie kommen, mit ihnen kommen die Gesandten, die ihm nach des fünften Heinrich Tod die Kaiserkrone anbieten. Demütig schlägt er sie nun aus, die er einst angestrebt, doch ausgesöhnt kehrt er in die Welt zurück und hinterlässt uns das Denkmal eines grossen und heiligen Fühlens[28]."

Kralik, der bereits 1904 eine materialreiche und quellennahe Monographie über den heiligen Leopold veröffentlicht hatte, führte die in der oben zitierten Skizze niedergelegten Gedanken über das Schleierthema in einem Oratorium „Der heilige Leopold" näher aus. Der zum 800-Jahr-Jubiläum des Stiftes 1914 vollendete Text, dessen Musik von Kraliks Schwester Mathilde stammt, gelangte erst am 9. Dezember 1933, im Jahr des 800-Jahr-Jubiläums der Regularkanoniker, zur Aufführung. Was der Ausbruch des Krieges 1914 verhindert hatte, wurde nun zugleich zu einem persönlichen Jubiläum von Textautor und Komponistin: als verspätete Gabe zum 80. Geburtstag Richards und zur Feier des 70. Geburtstages von Mathilde.

Das Oratorium enthält neue Elemente: Agnes selbst ergreift die Initiative zur Friedensstiftung, reitet den gegnerischen Heeren von Vater und Bruder entgegen und trifft unterwegs auf Zigeuner:

Erster Zigeuner: Wer ist die herrliche Reiterin dort?
Zweiter: Sie jagt durch den Wald mit reichem Gefolge!
Dritter: Agnes ist es, die Tochter des Kaisers!
Vierter: Die junge Witwe des Schwabenherzogs?
Erster: Vom Hohen Staufen sprengt sie daher?
Zweiter: Sucht sie die Scharen des Vaters und Bruders?

Dritter: Feindlich stehn sich die beiden gegenüber.
Vierter: Bereit sind sie zum mörderischen Kampf.
Erster: Ängstlich beschleunigt die Schöne den Ritt.
Zweiter: Will sie den Sohn mit dem Vater versöhnen?
Dritter: Sie trägt auf dem Sattel unendlichen Schatz.
Vierter: Dies Gold soll die Heere zum Frieden bestimmen.
Erster: Doch seht, da stutzt sie und hemmt ihr Roß.
Zweiter: Sie erblickt unser Volk auf der Waldeswiese.
Dritter: Sie scheint sich vor uns, den Zigeunern, zu scheuen.
Vierter: Du schöne Herzogin, fürchte dich nicht!
Hast freien Weg. Dir droht kein Unheil.
Wir fremden Zigeuner rasten hier ruhig,
Sitzen gar friedlich, erfreuen den Sinn
Mit Fidelklang und heimischem Sang.
Unsere Frauen bereiten das Mahl
Und unsere Töchter verkürzen die Zeit
Tanzend und singend zum Reigen des Schleiers.
Chor (der Zigeuner und Zigeunerinnen im Wechselgesang)
Fern aus Indien übers Meer
Kommen wir nach Westen her.
Von des Paradieses Nähe
Bringen wir für Leid und Wehe
Armer Menschen Trostes viel
In Gesang und Saitenspiel.
Denn wir lösen Schmerz und Lust
Reinigend aus aller Brust,
Heben alles Drängens Ziel
Auf zu holdem Geisterspiel,
Ob uns Undank nur belohnt;
Solchen Dank sind wir gewohnt.
Stößt man uns auch zu den Wölfen,
Mit den Vögeln, und den Elfen
Leben wir, wie's Gott gegeben,
Einst ein paradiesisch Leben.
Wollt ihr armen Menschen, voll
Banger Sorge, voll von Groll,
Glücklich sein, so höret an
Unsres Liedes Zauberbann!
Schauet unsern Zaubertanz!
Werft von euch, wie wir, so ganz,

Was euch ängstigt, was euch droht,
Schuld und Übel, Sucht und Not!
Agnes: Befremdet hör und schau ich euch.
Fremd dünkt mich an euch Art und Brauch
Gemischt aus Armut und reichem Prunk;
Fremd eure Weise, euer Wort,
Und fremd der Sinn des sondern Sangs.
Am meisten staun' ich, du junge Tänz'rin,
Ob deines Schleiers; zum armen Gewande
Steht gar seltsam das reiche Gewebe.
Köstlicher deucht es mich sicher als alles,
Was ich je sah. Weis' ihn mir her!
Breite ihn aus! Schwenk ihn zur Schau
Und sage mir, was dies Wunder bedeute,
Die Zaubergestalten im Silbergewebe!
Die Zigeunerin: Gräßlich ist der Wahrheit Bild,
Wahnsinnweckend, scheußlich wild,
Wird es nicht gar hold und mild
Von der Schönheit eingehüllt.
Darum hat in heilger Stille
Eine uralte Sibylle,
Die zweihundertmal die Bahn
Langer Jahre schaute nahn,
In prophetischem Wahn verlebt,
Diesen Schleier so gewebt.
Noëma war sie genannt,
Lamechs Tochter weit bekannt,
Weihevolle Würmer spannen
Diese Seide; drüber rannen
Färbend bunte Mumiensäfte,
Die geheimnisvolle Kräfte
Aus Jungfrauenherzen sogen
Und aus Stein und Kräutern zogen.
Diesem Schleier eingewebt
Ist, was nur auf Erden lebt,
Tier und Pflanze, Mensch und Geist,
Stern und Blume, ja, er weist
Wie im Spiegel, was die Welt
An Gestalt und Form enthält,
Was da leuchtet, glänzt und glimmt,

Dieser Schleier war bestimmt,
Um der Wahrheit scheußlich Bildnis,
Das in unbarmherzger Wildnis
Tubalkain aus Erz gegossen,
Zu verhüllen reizumflossen,
Bis der Jüngling dort zu Sais
Ihn zerriß, in Sehnsucht heiß
Nach der Wahrheit, die den Augen
Sterblicher will nimmer taugen.
Denn entsetzlich, steinerstarrend
Ist ihr Anblick, wirrend, narrend,
Schlangenhauptumzischt. Die Spur
Der vernichtenden Natur
Löst jedoch des Schleiers Pracht;
Er gibt jedem Träger Macht,
Süße Liebe zu erwecken,
Zu verbannen allen Schrecken,
Schuld und Sünde zu bedecken.
Agnes: Wahrlich, die Kraft, die du mir rühmst,
Glaub ich schon in mir zu verspüren,
Da ich die unübersehlichen Wunder
Des Schleiers betrachte. Sag, ist er Dir feil?
Zigeunerin: Friedeschaffend zogst du aus.
Segen bringst du deinem Haus
Mit dem Schleier. Doch nur so,
Wenn du hingibst gern und froh,
Was du trugst an diesen Platz,
Gold und Silber, Hort und Schatz.

Dazu kann Agnes sich nicht entschließen. Doch gelingt es ihr, Blutvergießen zwischen Vater und Sohn zu verhindern:

Heinrich: Der Vater mag von hier in Frieden gehn.
Und daß der Friede dauernd mög bestehn,
So nimm du meiner Schwester Hand
Als steten Friedens Unterpfand.
Ich weiß, ihr beiden seid euch lange gut.
Zur Minne wende sich so Kampfesmut!
Leopold: Mein König, Bruder, wahrlich, ich bin dein
Will deine Schwester auch die meine sein?
Agnes: Ich will dem Frieden mich, der Treue weihn[29].

Die Zigeuner symbolisieren das übernationale, überzeitliche Element, das die Wunderkraft des Schleiers auszeichnet.

Einige Passagen dieses Liedes sind wörtlich in eine kurze Erzählung aufgenommen, die einer merkwürdigen, posthum unter dem Namen Richard Kraliks 1934 veröffentlichten Sammlung der „Ruhmestaten beispielgebender Pflichterfüllung, von Tapferkeit, geistiger Schaffensfreude und Größe der österreichischen Vorfahren, von ihrer Liebe zur Heimat, von ihrem Kampf für deutsches Volkstum auf österreichischem Boden" entnommen ist. In der Widmung dieses „österreichischen Ehrenbuches" wird der Überzeugung Ausdruck verliehen, daß „die kulturellen und sonstigen Werke unserer Urahnen einen Anteil an dem Erwachen und Werden eines österreichischen Patriotismus haben"[30].

Der Schleier

„Es war im Jahre 1105, daß Agnes, die Tochter des Kaisers Heinrich IV. vom Hohen Staufen aufbrach, als sie hörte, daß bei Regensburg sich die Scharen ihres Vaters und die ihres Bruders Heinrich feindlich gegenüberstanden, bereit, der Welt das gräßliche Schauspiel eines mörderischen Kampfes zwischen Vater und Sohn zu geben. Da wird sie und ihr berittenes Gefolge aufgehalten durch tanzende Zigeuner, die einen kunstvoll gestickten Schleier schwangen.

Die Herzogin Agnes erkennt den Wert des Schleiers und fragt, was er koste. Die Besitzerin nennt eine so hohe Summe, daß Agnes lachend weiter reiten will. Doch die Tänzerin reißt ein Vierteil des Schleiers ab und wirft es ins Lagerfeuer, indem sie höhnisch singt:

Kleiner ward der Wunderschleier,
Blieb gleich kostbar doch und teuer,
Oder ihn verbrennt das Feuer.

Die Herzogin schreit auf über diese rücksichtslose Handlung. Doch die Tänzerin reißt unbekümmert ein gleich großes Stück des Schleiers ab und wirft es ins Feuer mit Tanz und Gesang:

Halb schon ward der Wunderschleier;
Doch gleich köstlich und gleich teuer
Blieb er, bis ihn brennt das Feuer.

Da die Herzogin noch immer zögerte, sich zu entscheiden, riß die Tänzerin noch ein Vierteil ab und verbrannte es. Wie in Verzückung auflachend sang sie und drehte sich mit dem letzten Rest des Schleiers in den Strahlen der untergehenden Sonne:

Nur ein Vierteil blieb vom Schleier;
Doch gleich köstlich und gleich teuer
Blieb, was noch verschont das Feuer!

Da wurde Herzogin Agnes vor Aufregung fast sinnlos und sie warf die große mit Gold gefüllte Satteltasche der Tänzerin zu. Diese fing sie mit der Linken ebenso geschickt auf, wie sie mit der Rechten den Rest des Schleiers der Reiterin zuschwenkte, so daß sich dieser, der noch immer eine beträchtliche Ausdehnung hatte, um Hut und Haar, um Schultern und Brust der Herzogin wand und dem Roß um die Ohren wehte. Dies stieg wiehernd hoch empor und setzte dann über die Wiese. Die Wiese aber war wie mit einem Schlag leergefegt von dem fremden Volke.

Agnes kam in das Lager ihres jungen Bruders, König Heinrichs. Dorthin kam auch der fromme, heiligmäßige Markgraf Leopold von Oesterreich, und es gelang allen Beteiligten, den Frieden herzustellen. Zum Danke reichte Agnes ihre Hand dem edlen Babenberger.

Im Sommer des folgenden Jahres 1106 sehen wir den Markgrafen Leopold mit seiner ihm kürzlich angetrauten Gemahlin Agnes auf dem Söller seiner Burg auf dem Kahlenberg. Die Gatten wenden sich der schönen Fernsicht zu und Leopold erklärt der neuen Herrscherin jeden der vielen von hier aus sichtbaren Orte, wie sie rechts und links von der vielarmigen Donau hingestreut liegen. Hier unten blüht auch schon mächtig das alte Wien auf und ist bereit, seine altersschwarzen römischen Mauern zu sprengen. Auf der anderen Seite des Berges ragte über den dichten Forst die ‚Neuburg‘ aus dem Tal heraus.

Da ist ihm, als höre er vom Wald herauf fremdartige Klänge erschallen. Auch Agnes horcht hoch auf, denn sie glaubt, jene Klänge schon einmal vernommen zu haben, ja, damals, als sie diesen kostbaren Schleier erwarb. Sie hat sich seitdem nie von ihm getrennt. Es ist ihr, als ob er damals den Frieden und die

Liebe wunderbarer Weise bewirkt hätte. Nachdenklich breitet sie ihn auf ihrem Schoße aus und vertieft sich in die phantastisch rätselvollen Figuren, die etwas Unsagbares darzustellen scheinen.

Schon sieht man den Burgweg herauf jene fahrenden Spielleute emporklettern und man hört den Gesang ihrer Führerin:

Höher rauscht Gesang zur Feier,
Seh' ich wieder meinen Schleier.
Weiße Frau, mit Wundermacht.
Hat er dir viel Glück gebracht.
Aber alles Glück der Erde
Mußt du zahlen mit Gefährde.
Fluchend seinen eignen Kindern
Starb dein Vater, und nicht mindern
Könnt ihr eure große Schuld
In der Sühnung Ungeduld.

Ein Windstoß löste den Schleier, wirbelte ihn umher, bis er im blendenden Glanz der jagenden Wolken verschwand. Zugleich lösten sich der Sängerin die Schnüre, mit denen die Goldstücke um ihr Gewand genäht waren. Sie haschte ihnen lachend nach und war bald verschwunden.

Jahre sind vergangen. Schwermütig zieht der Markgraf durch den Tann, ohne an der Jagdlust seiner Gefährten teilzunehmen. Nicht alles ist nach Wunsch ergangen. Seine Gemahlin sucht ihn zu trösten, als er unter einem Hollunderbaum einschläft. Da ist es ihm, als hörte er himmlischen Gesang über sich. Er lauscht und versteht diese Worte:

Machtlos ist der Schönheit Schleier,
Wenn sie Schreckensgraus verhüllt,
Wenn nicht hohes Himmelsfeuer
Weihend ihren Reiz erfüllt.
Nicht die Hülle kann da heilen
Alles Unheils tiefe Spur;
Himmelsgnade muß verweilen,
Volle Sühnung beut sie nur.
Aber opfert ihr die Werke
Hoher Kunst dem Höchsten auf,
Nehmt ihr göttlich Siegesstärke
Für den wirren Lebenslauf.

Seht, der Schleier ist zu schauen
An dem Ort, wo ruhmesvoll
Sich zum Preis der Frau der Frauen
Bald ein Heiltum heben soll.

Da blickte Leopold empor und sah den verlorenen Schleier in den Zweigen des Baumes hangen, über ihm den Himmel offen, mit der thronenden Königin der Engel. Als gleich darauf eine Gesandtschaft des deutschen Reiches dem heiligmäßigen Markgrafen die Krone anbietet, schlägt er sie bescheiden aus. Er will nur seinem Lande leben und hier die Herrscherpflichten erfüllen. Vor allem soll als Pfand göttlichen Schutzes, als Sühnung mancher Verschuldung das neue Kloster an dieser Stätte erbaut werden mit dem großen Münster zu Ehren Mariens. Der wiedergefundene Schleier soll zum immerwährenden Andenken hier verwahrt werden. Und dort zu ‚Klosterneuburg' ist er auch wirklich noch zu sehen bis auf den heutigen Tag[31]."

Österreichischer Patriotismus (oder eine Parodie darauf) aus der Erfahrung eines verlorenen Krieges. Wieder war ein Krieg verloren, wieder erklang „Ein Sang aus alten Tagen" in der „Klosterneuburger Fantasie", die Hans Kmeth 1949 schrieb und vertonte. Einem jungen Ehepaar wird die Erzählung von Klosterneuburgs Anfängen in den Mund gelegt, die gleichsam träumend das Gründungsgeschehen miterleben. Die der „Fantasie" zugrunde liegenden Illusionen vermitteln die Hochzeitsgäste: „Wir grüßen Dich, Du Fürst des Guten, an Deinem hohen Tag. Die Gnade gab Dir Gott, die Frau zu finden, die Dein Sinn gesucht. Er gebe Dir die Kraft, das Glück zu wahren durch der Tage Last. Nie trüb' des Alltags grauer Schleier das Leuchten, das Dir heut Dein Herz erfüllt."

Die Seelenlage des Markgrafenpaares offenbart die folgende Textprobe:

Leopold: Das schöne Fest ist zu Ende. Alleine sind wir nun, allein mit unserm Glück. Gar vieles will ich Dir, Du Liebe, sagen: mein Herz, es ist erfüllt von Dir und überströmt in Dank zu Gott, daß er die Gnade mir geschenkt, Dir zu begegnen; denn hohe Gnade war's. Dich suchte ich mein ganzes Leben lang und fand Dich holder, als je zu träumen ich gewagt. Alleine war ich, und ich suchte nach dem Wesen, in dessen Seele der Gleichklang schwebt zu meinem Wollen. Da sah ich Dich und meine Seele jauchzte, da sie die Schönheit Deiner Seele bald erfühlte. Beglückt ersah mein Aug' Dein holdes Angesicht. Wir sind vereint. Beseelt von gleichem Streben sei Land und Volk die ganze Kraft geweiht; nie könnten Gott wir besser danken. Laß uns dem Volk den Weg zur Zukunft bau'n.

Agnes: Gut sprichst Du zu mir und schön sagst Du, was auch mein Herz empfindet. Das Glück ist groß. Verdienen wir es uns, die Menschen, die uns anvertraut, den Weg zum Guten führend. Berufe in Dein Land Dir Männer, dessen Sinn dem Irdischen abgewandt, den Pfad zum Heile suchend, dem Volke Führer seien zu dem höchsten Ziele hin[32].

Es verdient an dieser Stelle festgehalten zu werden, daß das Motiv der Schleierlegende allmählich signifikant für die babenbergische Geschichte Österreichs wurde. Im Zuge von Planung und Anlage der Wiener Ringstraße entstand die Babenbergerstraße. Das Erdgeschoß des vom Pensionsinstitut der k. k. privilegierten Eisenbahnen in Auftrag gegebenen und von dem Architekten Karl Schumann geplanten Hauses Nr. 5 (1865 fertiggestellt) erhielt 1926 eine dem Straßennamen entsprechende malerische Ausstattung. Die Umrahmung eines Durchgangs ist durch ein Ölgemälde des Wiener Malers Oscar Larsen (1882–1974) mit Motiven aus der Geschichte Leopolds III. und Leopolds VI. geschmückt. Für Leopold III. ist die Schleierlegende gewählt: Wie in einer Filmszene kann man auf dem Bild verfolgen, wie vom kleinen Balkon eines schmalen Turmes der Schleier davonfliegt, wie Agnes, halb von Sinnen, angetan mit einem engen weißen Hochzeitskleid, sich durch Burgbefestigung und Gestrüpp einen Weg bahnt, gefolgt von ihren Hofdamen, und schließlich vor dem Schleier niedersinkt – oder besser: zusammenbricht. Die Darstellung kann von allen besichtigt werden, die die dortige Imbißstube „Billateria" besuchen.

Trotzdem: Lebendig war und ist die Leopold-und-Agnes-Tradition nur in Klosterneuburg. Dort wurde 1933 das Oratorium der Geschwister Kralik aufgeführt, in einem Jahr, in dem die Tagespublizistik zu wiederholten Malen St. Leopold beschwor als den wahrhaft christlichen Volksführer, als Schutz gegen den Feind aus dem Osten. In ähnlichem Zusammenhang zog der Heilige drei Jahre später, als sich der Tod des frommen Markgrafen zum 800sten Male jährte, propagandistisch nicht nur durch „Schönere Zukunft“ und „Reichspost“. Unter dem Titel „Lehrmeister und Vorbild“ erschien am Sonntag, dem 15. November 1936, in der „Reichspost“ ein umfangreicher Leitartikel, in dem es einleitend heißt:

„Welche belehrende Aehnlichkeiten oder doch welche fruchtbaren Parallelen zur Gegenwart bietet doch die ferne Zeit, in der Oesterreichs heiliger Markgraf von der Vorsehung zu wirken berufen war! Die acht Jahrhunderte seit seinem Tode haben das Vorbildliche seines exemplarischen Lebens für uns, seine Heimatgenossen, nicht nur nicht auszulöschen vermocht, sondern sie haben das klassische Oesterreichertum des großen Babenbergers immer klarer, heller, reiner, verständlicher, sprechender aus dem wirren Geschehen eines Jahrhunderts stürmischen Gärens herausgemeiselt, bis wir alle begriffen, warum gerade er unserem Lande zum Schirmherrn und Fürsprecher gegeben, unserem Volke zum aufmunternden Beispiel gesetzt ist. Was hat der kraftvolle Führer und Beherrscher der Mark an der Donau unserem, durch vielfach unerforschte Gewässer einem noch unsichtbaren Strand zusteuernden Geschlecht nicht alles zu sagen!“

Zur vollständigen Charakteristik der politischen Konzeption des Vorbildes zählte der Satz: „Seine vermittelnde Tätigkeit setzte der Markgraf, inzwischen durch die Heirat mit der Kaisertochter Agnes Schwiegersohn des einen und Schwager des anderen geworden, unverdrossen fort“, der einzige Satz, in dem die Markgräfin erwähnt wird. In der Politik haben Frauen nichts verloren! Wohl aber in Poesie und Kultur: In derselben Ausgabe der Reichspost findet sich ein umfangreicher Beitrag „Der Schleier der Markgräfin. Ein kulturgeschichtlicher Rückblick“. Verfasser war der Klosterneuburger Chorherr Dr. Wolfgang Pauker, der im Jubiläumsjahr mit verschiedenen Publikationen hervorgetreten ist; auf seinen Entwurf geht auch die Gestaltung des damals geschaffenen neuen Leopoldischreins zurück.

Die Requisiten der Schleierlegende aber verleiteten einen

Chorherren-Kollegen Paukers, den Historiker Vinzenz Oskar Ludwig, zu folgenden Versen unter dem Titel: „O quae mutatio rerum“:

Als trutzig ragte einst die Burg
mit Pallas, Söller, Mauerkrone
hoch überm Strom auf steiler Höh',
Agnesens Schleier vom Balkone
der Sturm entführte in die Au',
mit Jägertroß und Roß und Rüden
der Markgraf zum Gejaide zog –
war goldne Zeit dem Berg beschieden.
Wie anders heut'! Du schaust nicht mehr
des Schlosses zaubrische Gelasse,
an Stell' zerstörter hehrer Pracht
ein Gasthof winkt mit der Terrasse!
Die Burg gesprengt, das Bauwerk fiel,
der Bergfrit barst, die Zinnen sanken,
kein Türmerruf, kein Hifthornschall . . .
Du weilst in traurigen Gedanken:
Was schön einst war, es ist dahin,
die Ahnenvorzeit ging in Trümmer,
und wehmutsvoll begreift dein Sinn,
romant'sche Tage kommen nimmer!
Was blieb von all der Herrlichkeit?
Merk' auf, ein Restlein kannst du sehen:
Im Vorgärtchen beim Försterhaus
zwei braune, muntre Gesellen spähen,
sie geben Laut, sie springen vor,
als wär'n sie vom jagdlichen Fieber geschüttelt,
und hielte das Türlein nicht eisenfest,
sie hätten gewiß es schon längstens zerrüttelt.
Zwei Dackeln sind es, Vater und Sohn,
oblong mit krummen, kurzen Beinen,
„Schliefhündel“ wie zu St. Leupolds Zeit,
wer solche sieht, der wollte meinen,
daß sich Natur so köstlich geirrt;
man möchte weinen vor lauter Lachen,
da ist ihr einmal was Feines passiert:
Halb Krokodil und – ist's möglich? halb Drachen!

Was Wunder, daß jedem, der sie erblickt,
alsbald wird leicht und froh zumute,
fast jeder seine Kamera zückt,
ich halte es allen gerne zugute:
Die Hündchen sind mir Erinnerungsmal
an längst entflohene heitere Tage,
denn „Seppi“ und „Lumpi“ Nachfahren sind
der Rüden der lieblichen Schleiersage.
Ich nahm sie dankbar in meinen Sold,
sie gleichen den Wächtern am Niblungenhorte:
Wie Fafner so wachsam, wie Mime so schlau,
laut Ahnenpaß adligster ehrbarer Sorte.
Im Winter, als alles mit Schnee bedeckt,
die Menschen und Tierlein gar grimmiglich froren,
hab' ich meine Dackeln in Havelocks gesteckt
gleich Albions Lorden hochgeboren;
in unsere nüchterne, lederne Zeit
ein Stücklein Romantik also zu retten,
hat mich und andere höchlichst erfreut;
nicht wahr, so ist es? Ich will darauf wetten[33]!

In Klosterneuburg allein lebte die Agnes-Tradition fort, genoß sie literarisches Dasein. Ihre Trägerin war und ist die Schule, das Klosterneuburger Gymnasium. Von ihm wurde 1936 die Aufführung des Festspiels „Der heilige Leopold“ getragen, von ihm ging die Gestaltung der „Agneslegende“ 1985 aus.

Das Festspiel 1936 (Text: Anita Deutschmann, Musik: Vinzenz Goller) in fünf Bildern – das zweite ist Hochzeit und Schleierverlust gewidmet – enthält ein neues Element an zentraler Stelle: Ein armes Kind findet den Schleier (drittes Bild).

Die in Anlehnung an den siebenarmigen Leuchter siebenteilige „Agneslegende“ bezieht in neuer Form das Volk mit ein: Der Klage der Armen im 2. Chor (Text: Sabine Daxberger) steht der arbeitsplatzbeschaffende Aspekt des Kloster- und Kirchenbaus gegenüber (6. Teil: Chor der Maurer, Text: Sabine Daxberger). Doch die Ballade endet konventionell:

Auf dem windumwehten Berge,
wo man einst den Schleier fand,
schaut zu Gottes ewger Ehre
nun ein Kloster weit ins Land,

...
Wenn in fernen Zukunftstagen
Krieg und Elend euch bedroht,
Werden diese Türme ragen
in ein neues Morgenrot.
Laßt uns singen, laßt uns preisen
unsern Heil'gen Leopold.
Laßt uns singen, laßt uns preisen
Agnes, seine Gattin hold.
In den Herden brennt das Feuer,
und die Kammern sind gefüllt.
Kinder spielen, Frauen lachen,
aller Hunger ist gestillt.
Gottes Hand wird euch bewahren,
die ihr wohnet in der Zeit,
bis des Himmels sel'ge Scharen
öffnen euch die Ewigkeit[34].

Fern jeder Auseinandersetzung mit der Realität von Geschichte und Gegenwart löst sich die gleichsam nie real existente Agnes-Figur auf zum Symbol der Sehnsucht (wonach?), der Illusion im langsam sinkenden Schleier des Traumes:

Agnes,
die Burg,
der Auwipfelteppich
von Silbermeandern durchwoben.

Fasse die Träume,
der Wind trägt sie fort,
das Ungewisse,
die Zukunft,
wartet tief unten.

Halte die Träume,
die glitzernden Schleier!

Einer von ihnen
ist heimlich gesegnet,
und wo dieser hinsinkt,
Agnes,
baut Gott sich sein Zelt[35].

Franz Luby, St. Leopold, 1975/76. Öl/Tempera auf Sperrholzplatte. Über der von Hollerblüten und -beeren umwucherten Schädelreliquie liegt der dichte weiße Schleier, über dem sich in einem illusionären Felsengebirge eine verschleierte Stadt erhebt. Der Schleier wird im blauen Himmel von Schmetterlingen gehalten. Niederösterreichisches Landesmuseum, Wien.

Wie ein weißer Schleier über Stadt und Land, über der Reliquie St. Leopolds, dem Holler und der Stadt Klosterneuburg liegt der Traum über der Realität in dem 1975 von Franz Luby gemalten Bild „St. Leopold".

Was von seiner Frau blieb, ist der Schleier.

Statt einer Zusammenfassung

Das Agnesbrünnl

Wie dem Wandrer eine Quelle
Neue Kraft und Mut gewährt,
So ist die gebeugte Seele
Wenn die Freude wiederkehrt.
Wenn Gefahren auch sich türmen,
Schrecke dies nie unsern Blick,
Denn es kehrt ja nach den Stürmen
Stets der Freude Strahl zurück.

Dies singen angesichts des wiedergefundenen Schleiers Leopold, Agnes und der Oberjäger im Terzett in der „Cantate" von Gleich aus dem Jahr 1808[1].

Quelle, Jagd und Freude, Freude für die kleinen Leute aus dem Volk, bilden die Elemente von Sagen und wahren Begebenheiten, die an eine Quelle am Nordabhang des Hermannskogels geknüpft sind, an das seit dem ausgehenden 18. Jahrhundert in Schriftzeugnissen genannte Jungfern-, später auch Agnesbrünnl. Knapp unterhalb des Gipfels, einer markanten Erhebung des Höhenzuges, der seinen Anfang beim heutigen Leopoldsberg nimmt, entspringt die Quelle dem steilen, mit Buchen bestandenen Abhang. „Die Gegend", berichtet ein kulturhistorischer Reiseführer aus der Biedermeierzeit, „wird selten besucht . . . ein rauher steiniger Weg, lange Dauer der hier nothwendigen Fußreise, düstere Einsamkeit der Umgebung; Umstände, welche den Hermannskogel und seine Thäler zu einer Wildnis für das Frauenzimmer machen; daher kommt es, daß man hier nur selten ein schmachtendes Pärchen aus einer eben nicht sehr zarten Klasse in kosender Gemeinschaft antrifft . . . Bemerkenswert ist noch ferners die Wiese mit dem sogenannten Jungfernbrünnel unweit dem Spitze des Hermannskogels. Die Bauern aus der Umgebung wollten hier nämlich an einem Baume bemerken, daß seine Zweige sich zu einem Marienbild verschlingen, und pilgerten scharenweise hieher, das Wunder anzustaunen. Dem Unfuge zu steuern, wurde auf obrigkeitlichen Befehl der Baum umgehauen, und in Klosterneuburg verbrannt[2]."

Was hier in kurzen Worten berichtet wird, legt einen Vergleich zwischen dem Schleierbaum und dem Bildbaum nahe: da eine „Baumreliquie" als Symbol einer Staatsideologie, hier ein verbrannter „Marienbaum" als Gegenstand abergläubischen Kultes.

Baum und Quelle hatten nicht lange vor der zitierten Schilderung aus dem Jahr 1832 tatsächlich lebhaftes Treiben gesehen:

„Der Unfug nimmt von Tag zu Tag an Umfang zu. Von dem Steinbruch zu Sievering bis zur sogenannten Wunderquelle war der Weg zahlreich mit Bettlern besetzt, die ihre ekelhaften Schäden den Vorübergehenden zur Schau boten, um ihr Mitleid zu erregen. Weiter am Berge herauf, wo sich am Walde einige Wiesenplätze öffneten, war eine Menge Viktualienhändler, welche Kipfeln, Obst, Würste, Gugelhupfs verkauften und Wein ausschenkten. Die Gegend um den Baum herum übertraf aber alles . . . Der Baum war nach Art der Gängelbuden der Marktschreier mit Bildern, Rosenkränzel, Kruzifixen, Pfenningen behangen. Am Fuße des Baumes, wo ein neues Muttergottesbild herauszuwachsen anfängt, wie die dahin Wallenden zu sehen glauben, brannten eine Menge kleiner Wachslichter, wie in den Kirchen am 2. November. Am Baume lehnten zwei Leitern, um den Wunderauswuchs auf dem Baume, die in der Phantasie bald ein Kruzifix, bald ein Mariazeller, bald Mariahilfer Bild darstellt, näher betrachten zu können. Da Mädchen und Weiber ohne Unterschied die Leiter bestiegen, so gewährt es für den Untenstehenden manche unanständige Ausblicke. Zwei Männer, mit Hacken versehen, hauten Holzsplitter, davon ein Exemplar in der Beilage mitfolgt, aus, welche sie den Andächtigen für bares Geld verkauften, und während die Abergläubischen auf dem nassen Boden knieten und beteten, winkten feile Dirnen zur Wollust in die Gebüsche. Mit dem Quellwasser wurde ein ordentlicher Handel getrieben. Ungeachtet es sehr regnete, war die Straße von Wallfahrern bedeckt und nach sicheren Nachrichten hatten den verflossenen Sonntag schon 15 bis 20.000 Menschen die Gegend besucht[3]."

So heißt es in einem Bericht vom 5. Oktober 1817 an den allmächtigen Polizeipräsidenten Sedlnitzky. Ihm folgte alsbald die Tat. Ein weiterer Bericht an Sedlnitzky: „Euer Exzellenz! Ich habe von dem zur Erhebung abgesandten Polizey-Individuum die Anzeige erhalten, daß gestern frühe um 6 Uhr ein Beamter des Stiftes Klosterneuburg samt vier Waldknechten und einigen Holzhauern, dann acht Pontonieurs mit Gewehren auf den Hermannskogel angekommen seyn, wo sohin der Baum, die Marienbuche genannt, umgehauen, die Wurzeln ganz herausgesägt, das Holz in Scheiter gefällt und das Ganze mit Wagen nach Klosterneuburg gebracht worden. Die Brunnen-Quelle ward mit Steinen verschüttet und der rückwärts befindliche große Stein, aus welchem das Wasser herausrann, auf diesen Brünnl geworfen, so daß sich an dessen Stelle dermal ein drei Schuh hoher Hügel zeigt. Die Gegend, wo das Wasser am Berg hinabgeflossen, ist ebenfalls mit Steinen und Erde verschüttet. Dieß ward ohne Aufsehen in Vollzug gesetzt; und diese schwärmerische Andächteley ist nun ganz zu Ende. Wien, den 16. Oktober 1817[4]."

Bilder und Votive von den Bäumen kamen an die Weidlinger Pfarrkirche (die Quelle liegt im Gemeindegebiet von Weidling, knapp an der Grenze gegen Sievering), weniges davon ist noch heute erhalten, vor allem das Bild, das den Rummel ausgelöst hatte: Im Jahr 1805 hatte Theresia Schreckin, eine arme Frau aus Klosterneuburg, ein Marienbild gespendet. Es wurde auf dem Stamm der Buche befestigt, auf dem bereits ein Marienbild erkannt worden sein soll. Im Jahr 1813 noch mit einem Baldachin geschmückt, waren das wundertätige Bild und die wundertätige Quelle Ziel einer reichen „wilden Wallfahrt" des gemeinen Volkes. Doch auch die gelehrte und vornehme Welt nahm auf ihre Weise von der Sache Notiz. Der bedeutende Orientalist Josef Freiherr von Hammer-Purgstall, der sich im Jubiläumsjahr 1814 auch zu „Klosterneuburgs Stiftung" geäußert hat, weiß 1813 in einer Ballade von einer Nonne zu berichten, die auf dem Hermannskogel als Hexe ihr Unwesen getrieben hatte und schließlich vom Teufel zerrissen worden war; die Ballade endet mit den Strophen:

Dies alles ist kein leerer Traum,
Es stehet noch der Buchenbaum,

Am Kobel bey dem Bründlein;
Das Kloster ist durch Saus und Braus
Schon längst zerstäubt in Schutt und Graus,
Das weiß ein jedes Kindlein.

Als altes Weib gekrümmt und stumm,
Geht heut die Pförtnerinn noch um,
Wenn Hund und Jäger schlafet,
Und wird für ihre Hexerey
Manier gar hart bestrafet.

Oft hört man sie beym Nachtgeläut,
Wenn Uhu, Katz und Nachteul schreyt,
Im Sturme niederfahren;
Oft sieht man sie beym Mondenschein
Im Kirchhof auf dem Leichenstein
Umringt von Teufel Schaaren.

Auch ist, wie jedermann bekannt,
Der Weg dorthin fast ganz verbannt,
Mit Zaun und Dornenhecken;
Wer spöttelnd zu dem Bründlein geht
Wird oft in einen Sumpf gedreht
Drin bleibt der Schuh wohl stecken.

Deswegen blüht der Hexe Ruhm
Auch ist ihr Bründlein um und um
Gemerkt mit Hexenzeichen.
Viel Nahmen werden dort geschaut,
Mit Axt und Messer eingehaut
In Buchen und in Eichen.

Es ist dort wild und fürchterlich,
Und mancher Waghals trauet sich
Oft keinen Schritt mehr weiter.
Doch wär es euch zu schauerlich,
Ihr Fraun und Mädchen nehmet mich
Zum Führer und Begleiter[5].

Und die Freiin Justine von Krufft sieht in einem „Traum“:

Und was dir als Baum und Quelle erscheint,
war vorhin als Jüngling und Mädchen vereint
von heißer Empfindung erfüllet[6].

Kein Wunder, daß sich um Quelle und Baum verschiedene Sagen rankten. Bei allen Unterschieden im einzelnen ist ihnen die Verbindung der Natursymbole mit einer Feengestalt bzw. Nymphe und einer Erzählung, die König, Ritter, Feenjungfrau und arme Waldbewohner (Köhler) schicksalhaft verknüpfte, gemeinsam. Die verschiedenen Varianten der Sagenerzählung lesen sich wie ein geraffter Gang durch einschneidende und bemerkenswerte Ereignisse der österreichischen Geschichte, die – kunterbunt zusammengewürfelt – heute in einer Tafel zur Beschreibung des unter Naturschutz stehenden Denkmals zu lesen sind:

„Einst entsprang diese Quelle an der Wurzel eines mächtigen Baumes. Agnesbrünnl heißt sie als Stätte alter Sagenüberlieferung nach Agnes, der Tochter eines Königs und einer Waldfee, die bei Baum und Quelle wohnte. Den König hatte einst ein verfolgtes Reh zum Agnesbrünnl geführt. Er ruhte dort die Nacht über und als er weiter zog, ließ er am Stamme des Baumes seine Rüstung zurück. Mit dieser Rüstung zog der Kohlenbrenner Karl, der Verlobte der Agnes, in den Türkenkrieg. Er wurde ein berühmter Held, doch kehrte er nie zu seiner Braut zurück. Als Schutzherrin des Ortes zeigte sich später Agnes den Waldleuten. Karl aber erschien nachts als schwarzer Ritter und man glaubte noch oft bei der Quelle den Waffenlärm seiner Reiterscharen zu hören."

Das alte „Jungfernbrünnl" – ursprünglich nach der Marienerscheinung bzw. dem Marienbild so genannt, dann als Jungbrunnen von jung und alt, besonders natürlich von alten Weibern geschätzt – wurde nach der Mitte des 19. Jahrhunderts zum Agnesbrünnl. Eine ältere Agnes-Sage aus Höflein an der Donau wurde in diese Gegend, ja auch nach Sievering verlegt. Alle genannten Orte gehörten bis zur Grundentlastung zur Herrschaft des Stiftes Klosterneuburg, die Pfarren waren bzw. sind noch immer klosterneuburgisch. Der Name der Agnes stammt sicher von der Agnes der Klosterneuburger Gründungslegende, doch als man zu einer kirchlich verehrten Heiligen Zuflucht nehmen wollte, bot sich der Tag der Agnes von Rom wie zwangsläufig an. Deren Tag, der 21. Jänner, und der Michaelstag, der 29. September, waren die Termine, an denen sich besonders viel Volk einfand. Der zweite Termin ist jedoch der Tag der Klosterneuburger Kirchweihe. Aber nicht ein

Michael – der drachentötende Erzengel und Ritterheilige stand wohl manchen Sagendetails Pate –, sondern ein Karl wurde der Held der Sage. Bei dem Namen an Karl den Großen zu denken, ist deshalb nicht abwegig, weil der in volkstümlicher Überlieferung fest verankerte Kaiser allgemein als Begründer der österreichischen Kultur und Zivilisation sowie als Sieger über den Feind aus dem Osten galt. Der an diesem Ort am häufigsten angerufene Heilige wurde dann Karl Borromäus, der als Pestheiliger große Volkstümlichkeit erlangt hatte.

Wenden wir uns einzelnen Sagenelementen zu: Agnes ist das Kind eines Ritters (vom Hermannskogel, eines fremden Ritters, der Einsiedler werden wollte, des Königs von Schweden) und einer Fee, wird aber von Köhlersleuten aufgezogen. Diese haben einen eigenen Sohn, Karl. Die beiden fassen Zuneigung zueinander. Karl ist ein wilder Jäger, der keine Gefahren scheut. Vor dem Angriff eines wilden Ebers (man denke an die Frueauf-Tafel!) rettet ihn die Fee. Agnes ist milde, gütig und von überirdischem Wesen. Karl erhält von der Fee ein feuriges Pferd, Rüstung, Panzer, Schild, Schwert und Lanze – also die Ausrüstung eines Ritters der Kreuzzugszeit – und zieht damit als Held in den Türkenkrieg. Nach einer Variante verzögert er den Angriff des Großveziers auf Wien, wird vom Kaiser ausgezeichnet und erhält eine Hofdame zur Frau, nach einer anderen zeichnet er sich im Dienst des Königs Sobieski von Polen aus und wird von diesem zum Ritter geschlagen; er bricht schließlich auch hier Agnes die Treue. In beiden Fällen werden die Paläste des Paares Agnes–Karl, in dem sie schließlich wohnen, zerstört, Karl wird in einem Gewitter von der Hölle verschlungen und lebt als schwarzer Ritter nächtens in der Gegend weiter bzw. beschließt sein Leben reuig als Einsiedler.

Während Agnes konstant die unschuldige, geduldige Lichtgestalt darstellt, zeigen sich an Karl alle Wechselfälle des Erdenlebens, zeigen sich in seiner Gestalt einschneidende Erlebnisse österreichischer Geschichte: Kreuzzugs-, Schweden-, Türkenzeit. Seit dem Ende des 19. Jahrhunderts nahm man sich der mythologischen Deutung der Sage an: Der Bogen reicht von der Göttin Freya über Frau Holle zur Schicksal spinnenden Norne am Quell, zur Waldfrau; vom wilden Schimmelreiter, von dem germanischen Wachtberg Hermannskogel, der nach einem Sohn Wotans benannt ist, zum germanischen Heilquell, an dem Runenstäbe geworfen wurden, um die Lose des Schicksals zu erkunden.

Vom „alten Germanen, dem Hermannskogel" wird eine Verbindung zur Markgräfin Agnes hergestellt: „In vorchristlicher Zeit wurden auf den dichtbewaldeten Hängen des Hermannskogels heidnische Gottesdienste abgehalten. Eine Quelle – das heutige Agnesbründel – war damals, in grauer Vorzeit, der Göttin Freya geweiht. Schicksale wurden verkündet, die Zukunft prophezeit. Generationen kamen und gingen . . . Viele hundert Jahre später, als bereits die Babenberger auf dem Leopoldsberg residierten, wurde zur Beschützerin der einstigen Freya-Quelle die heilige Agnes, Markgraf Leopolds Gemahlin, erkoren." So kann man es unter dem Titel „Hermannskogel, Berg der Götter" im Neuen Wiener Tagblatt vom 15. Dezember 1938 lesen.

Quelle, Baum, Marienbild: andernorts entstand aus solchen Vorbedingungen ein Gnadenort. Es ist müßig, Überlegungen darüber anzustellen, daß ein solcher im 19. Jahrhundert nicht mehr entstehen konnte: Die Quelle wurde zugeschüttet. Und der Gnadenort bestand bereits: Klosterneuburg. So wurde die Stelle – zeitgemäßen Sehnsüchten entsprechend – zu einem Glücksort. Was einst als Polemik gegen abergläubischen Unfug und mystischen Unsinn im Verein mit der „Exaltierung religiöser Gefühle auf Kosten des Verstandes" des Hofbauer-Kreises zur Vernichtung des Baumes und Verschüttung der Quelle geführt hatte, konnte sich auf die Dauer gegen die Praxis des Volkes nicht durchsetzen. Kurzum: 1841 wurde die Quelle wieder geöffnet, mit Holzbohlen ausgekleidet und hat in dieser Form durch mehrere Restaurierungen bis in unsere Tage überdauert, ja sie selbst ist nebst einem Umkreis von 10 Metern zum Naturdenkmal erklärt worden.

Auf der Jägerwiese befand sich eine Warnungstafel: „Bei Arretierung und Geldstrafe ist das Übernachten und Mariandelspiel in diesem Walde verboten. Das Bezirksgericht Klosterneuburg". Nicht mehr andächtiges Gebet sollte die Erfüllung der Sehnsüchte des „gemeinen Volkes" bringen, sondern der Gewinn im Lotto. Eine Schilderung der Situation aus dem Jahr 1859:

„Auf der verrufenen Jägerwiese trifft man ganze Gruppen, deren jede sich um eine Profetin schart. Da erfahren dann die

Das Agnesbrünnl vor 1900. Ansichtskarte. Stadtarchiv Klosterneuburg.

Leute, wie man sich zu verhalten habe, wenn Karl oder die Agnes sich zeigen sollten, welche Nummern sie in der Lotterie zu setzen haben, was die Zukunft jedem einzelnen bringen werde und dergleichen. Bei einer anderen Gruppe bietet einer Glücksnummern zum Verkaufe, dort theilt eine Alte – natürlich nicht umsonst – sympathetische Heilmittel aus. Beim Brünnlein selbst sind mehrere Bäume mit Bildnissen behangen; Weiber blättern in Planetenbüchern und Würfeltische stehen umher. Andere drängen sich zur Quelle und schauen mit der größten Spannung auf den Grund, um aus den Figuren des Schlammes oder auf Steinchen die Nummern zu entdecken, die bei der nächsten Ziehung herauskommen. Glauben sie eine Nummer entdeckt zu haben, so waschen sie sich die Augen mit Wasser aus und schreiben die Ziffern auf. Manche legen Steine auf den Grund und murmeln halblaute unverständliche Worte vor sich hin. Hinter sich hört man Kartenschlägerinnen oder alte Weiber, die aus den Planetenbüchern lesen, nach Tag und Monat der Geburt fragen, um daraus die Zukunft zu profezeien. Nicht selten entstehen Wortwechsel, indem man sich ärgert an denen, die Zweifel äußern oder das Treiben spöttisch belachen. In einiger Entfernung erzählt eine Alte geheimnisvoll von dem ‚grünen Thor', das unter dem Brünnlein zu dem Kristallpalast führe, aber nur die können Eintritt finden, welche an die Wirkung des Brünnleins glauben . . .

Ein sicheres Mittel, die Gewinnummern öfter zu wissen, ist folgendes: Man suche auf der Agneswiese einen Stein, lege ihn ins Wasser des Brünnleins, bete dabei und stecke dann den Stein hinter das Kopfkissen, so wird man jede Woche 5 Nummern ablesen können, welche gezogen werden. Oder man suche auf der Wiese einen Johanniskopf (d. i. ein Schwamm auf den Wurzeln der Bäume), kratze mit dem Nagel des Daumes der rechten Hand die obere Haut weg, und lege ihn ebenfalls in das Wasser des Jungfernbrunnens. Versteckt man ihn dann zu Hause unten im Bett, so wird man jene Nummern sehen, die ‚kommen werden‘[7]."

So war es 1859, so ging es weiter bis in die Jahre des Zweiten Weltkrieges. Gegen alle aufgeklärte Vernunft und Realitätswahrnehmung sich das Glück auf magische Weise erzwingen zu können, ist die Hoffnung derer, denen andere Wege zum „großen Glück" versagt scheinen.

Was hat nun diese kurze „Zusammenfassung" mit unserem Thema zu tun? Ich meine, die Verfolgung des Themas „Agnes" durch die Jahrhunderte wäre unvollständig, wollte man es bei der Sichtung dessen bewenden lassen, was gebildete Leute über die fruchtbare hochadelige Fürstin, über die Stifterin, über die Ehefrau des Heiligen überliefert haben, was Dichtung und Publizistik in den letzten 200 Jahren über die schwache liebende junge Frau des großen, mächtigen und weisen Mannes, über das Symbol des Schleiers für Österreich und für den Frieden zu Papier brachten. Ein Blick auf all die wechselnden Erzählungen, die mit dem Agnesbrünnl verbunden sind, zeigt – etwa in Relation von Waldandachten und Bildbaum zum kulturellen und geistigen Ausstrahlungspunkt Stift Klosterneuburg –, was von geschriebener Überlieferung im Volke lebendig war und wie es verarbeitet worden ist. Es zeigt sich hier wie dort ein strahlend unschuldig-reines Bild der Agnes. Der Aspekt der hohen Abkunft, der Königstochter, ist hier wie da von Bedeutung. Vom Volk zur Seinigen gemacht, garantieren die edlen Eltern auch den armen Waldleuten Teilhabe am Glanz und Reichtum des Königlichen. Oder prosaischer ausgedrückt: Aussicht auf Glück eröffnet eine Quelle, die nicht zufällig den Namen „Agnesbrünnl" trägt.

Anhang

Anmerkungen und Literatur

Kapitel I

Anmerkungen

1 Otto Frisingensis episcopus, Gesta Friderici I. imperatoris I 8, hier zitiert nach: Bischof Otto von Freising und Rahewin, Die Taten Friedrichs, übersetzt von Adolf Schmidt, herausgegeben von Franz Josef Schmale, Freiherr vom Stein Gedächtnisausgabe, Bd. 17, ^{2}1974.
„Unter den Göttern ...“ ist ein Zitat aus Ovid, Metamorphosen I 150; Asträa ist wörtlich die Sternenjungfrau, in übertragenem Sinn die Göttin der Gerechtigkeit.
„Denn da alle Obrigkeit ...“ ist ein Zitat aus Rm 13, 1 f.
2 Ebenda.
3 Ebenda.
4 P. Dionysius v. Lützenburg OFMCap. – P. Martin von Cochem, Verbesserte Legend Der Heiligen, Das ist eine schöne, klare und anmüthige Beschreibung des Lebens, Leydens und Sterbens Von den lieben Heiligen Gottes auff alle und jede Täg des gantzen Lebens etc., Cölln-Franckfurth 1726, S. 83 ff. Die Kenntnis dieses Buches danke ich Helga Kaplan.
5 Otto Frisingensis episcopus, Chronica VII 9, hier zitiert nach: Otto von Freising, Chronik oder Die Geschichte der zwei Welten, übersetzt von Adolf Schmidt, herausgegeben von Walther Lammers, Freiherr vom Stein Gedächtnisausgabe, Bd. 16, 1961, S. 512 f.
6 Annales Mellicenses, Monumenta Germaniae Historica, Scriptores IX, S. 500 (Übersetzung von der Verfasserin).
7 Chronicon pii marchionis (Continuatio Claustroneoburgensis I), Monumenta wie Anm. 6, S. 610 (Übersetzung von der Verfasserin).
8 Urkundenbuch zur Geschichte der Babenberger in Österreich, vorbereitet von Oskar Frhr. von Mitis, herausgegeben von Heinrich Fichtenau und Erich Zöllner, Bd. IV/1, 1968, Nr. 703 (Übersetzung von der Verfasserin).
9 Wie Anm. 8, Nr. 706.

Literatur

Zur Geschichte der Staufer im Herzogtum Schwaben vgl. Klaus Schreiner, Die Staufer als Herzöge von Schwaben, in: Die Zeit der Staufer. Geschichte –

Kunst – Kultur, Katalog der Ausstellung Stuttgart 1977, künftig zitiert als: Staufer-Katalog III, S. 7–19. Helmut Maurer, Der Herzog von Schwaben, Grundlagen, Wirkungen und Wesen seiner Herrschaft in ottonischer, salischer und staufischer Zeit, ebenda, V, Suppl., 1979, S. 91 ff.
Zur Waiblinger Herkunft: Karl Schmid, De regia stirpe Waiblingensium. Bemerkungen zum Selbstverständnis der Staufer, in: ders., Gebetsgedenken und adeliges Selbstverständnis im Mittelalter, Ausgewählte Aufsätze, Sigmaringen 1983, S. 454 ff.; zur Problematik allgemein: ders., Heirat, Familienfolge, Geschlechterbewußtsein, in: Gebetsgedenken, S. 388 ff., Wiederabdruck von 1977; Wilhelm Glässner, Agnes von Waiblingen, in: Waiblingen in Vergangenheit und Gegenwart 6, 1980, S. 7–72.
Zu Friedrich Barbarossa zuletzt zusammenfassend Heinrich Appelt, Friedrich Barbarossa 1152–1190, in: Kaisergestalten des Mittelalters, herausgegeben von Helmut Beumann, München 1984, S. 177 ff. Abb. der Verwandtschaftstafel Barbarossas bei Schmid, Heirat, S. 123.
Zu Agnes von Poitou vgl. Maria-Luise Bulst-Thiele, Kaiserin Agnes, Leipzig–Berlin 1933, Neudruck Hildesheim 1972.
Zu Agnes von Rom vgl. K. Zimmermanns in: Lexikon der christlichen Ikonographie 5, 1973, S. 58 ff., dazu Matthäus Bernards, Speculum virginum. Geistigkeit und Seelenleben der Frau im Hochmittelalter, 1955, Neudruck 1982, S. 67 f.
Zu Lorch und Hohenstaufen vgl. Hansmartin Schwarzmaier, Die Heimat der Staufer. Bilder und Dokumente aus einhundert Jahren staufischer Geschichte in Südwestdeutschland, Sigmaringen 1976; zum Kollegiatstift Lorch: Gebhard Mehring, Stift Lorch. Quellen zur Geschichte einer Pfarrkirche (= Württembergische Geschichtsquellen 12), Stuttgart 1911; zum Kloster Lorch: Paulus Weissenberger, Die Anfänge des Hohenstaufenklosters Lorch bei Schwäbisch Gmünd, in: Perennitas, Festschrift für Thomas Michels OSB, Münster 1963; zur Staufergenealogie und zum Roten Buch von Lorch vgl. Hansmartin Decker-Hauff, Das Staufische Haus, in: Staufer-Katalog III, S. 339 ff., bes. S. 346, Nr. 21.
Zu Klosterneuburg: Hermann Maschek, Heinrich IV. und die Gründung des Chorherrenstiftes Klosterneuburg, Mitt. d. Inst. f. österr. Geschichtsforschung 47, 1939, S. 189 ff.
Zu Parallelen von Lorch und Klosterneuburg: Heide Dienst, Niederösterreichische Pfarren im Spannungsfeld zwischen Bischof und Markgraf nach dem Ende des Investiturstreites, Mitt. d. Österr. Staatsarchivs 34, 1981, S. 25 f.; über die Anfänge von Klosterneuburg zuletzt: dies., Regionalgeschichte und Gesellschaft im Hochmittelalter am Beispiel Österreichs (= Mitt. d. Inst. f. österr. Geschichtsforschung, Erg.-Bd. 28), in Druck; zum Chronicon pii marchionis: dies., Chronicon pii marchionis, Böhlau Quellenbücher, in Druck.
Zu den Nennungen der Agnes in Urkunden: Die einzelnen Urkunden sind gedruckt im Urkundenbuch zur Geschichte der Babenberger (wie Anm. 8), Bd. I, 1950, Nr. 3, 4, 5, 8, 10, Bd. IV/1, 1968, Nr. 610 und öfter. Obwohl einzelne der hier zitierten Urkunden erst viel später entstanden sind, als sie vorgeben, geht doch der Wortlaut der ehrenden Beiwörter für die Markgräfin mit hoher Wahrscheinlichkeit auf ihre Zeit zurück.
Zu den Kindern Leopolds und zur Nachfolgefrage vgl. Karl Lechner, Die Babenberger. Markgrafen und Herzoge von Österreich 976–1246, Wien–Köln

– Graz 1976, S. 118 ff.; Erich Zöllner, Das Privilegium minus und seine Nachfolgebestimmungen in genealogischer Sicht, in: ders., Probleme und Aufgaben der österreichischen Geschichtsforschung, Gesammelte Aufsätze, Wien 1984, S. 236 ff.
Für Mitteilungen über das Ergebnis der Grabungen im Stift Klosterneuburg noch vor Vorliegen des Grabungsberichtes danke ich Hans Ubl, vgl. auch dens. im Katalog der Ausstellung: Der heilige Leopold. Landesfürst und Staatssymbol, Klosterneuburg 1985, künftig zitiert als: Leopold-Katalog; über die Stoffuntersuchungen: Ingeborg Petraschek, Die Textilien aus dem Grab der Markgräfin Agnes († 1143) in Klosterneuburg, Jahrbuch des Stiftes Klosterneuburg, N. F. 12, 1983, S. 37 ff.

Kapitel II

Anmerkung

1 Nibelungenlied, Strophe 612–613, zitiert nach Otto Zallinger, Die Eheschließung im Nibelungenlied und in der Gudrun, Sitzungsberichte der Akademie der Wissenschaften Wien, phil.-hist. Kl. 199, 1923, S. 19.

Literatur

Grundlegend die Materialsammlung von Alwin Schultz, Das höfische Leben zur Zeit der Minnesinger, 2 Bde., [2]Breslau 1889, Neudruck Osnabrück 1965.
Shulamith Shahar, Die Frau im Mittelalter, Königstein 1981, Fischer TB 3475, 1983.
Edith Ennen, Frauen im Mittelalter, München 1984.
Klaus Arnold, Kind und Gesellschaft in Mittelalter und Renaissance, Paderborn 1980.
Otto Brunner, Die ritterlich-höfische Kultur, in: Das Rittertum im Mittelalter, herausgegeben von Arno Borst (= Wege der Forschung 349), Darmstadt 1976, S. 142–171, Nachdruck von 1949.
Arno Borst, Das Rittertum im Hochmittelalter. Idee und Wirklichkeit, ebenda, S. 212–246, Nachdruck von 1959.
Ders., Lebensformen im Mittelalter, 1973, Ullstein TB 34004, 1979.

Kapitel III

Anmerkungen

1 Österreichischer Hoffnungsanker, das ist: Neue Lieder, welche zur jährlichen Procession nach Closter-Neuburg zu ihrem vollmögenden Land- und Schutz-Patron, dem Heiligen Leopoldo, Marggraffen von Oesterreich, Eine Löbliche Bruderschafft unter dem Titul Der 72 Juenger Christi Und der ewigen Anbettung deß Hochwürdigen Altars-Sacraments den 25. Julii am Fest deß Heil. Apostels Jacobi, als Spannischen Landen Patronen, Diß 1711te Jahr angestellet, Wien, bey Johann Georg Schlegel, 1711.
2 Jährliche Verehrung, Welche Von allen Treu-wohl-meinenden Österreichischen Land-Sassen, so in ihren Bett-Gang in dem himmlischen Reich

einloschirten, Schutz- und Lands-Patron S. Leopoldo, Bey seiner Ruhestatt in Closter-Neuburg, Marianisch erbauten Ehren-Tempel, ableget im Jahr 1719. So geschieht von einer Hochlöbl. Bruderschaft unter dem Titul der Zwey und sibentzig Jünger Christi etc. auß der Kirchen des Profeß-Hauß deren WW. EE. PP. Soc. Jesu am Hoff am St. Jacobi Tag, Wien, bey Andreas Heyinger, 1719.

3 Jährliche Verehrung etc. im Jahr 1721.

4 Jährliche Verehrung etc. im Jahr 1724.

5 Jährliche Verehrung etc. anno MDCCXXV, Wien, bey Johann Jacob Kürner.

6 Jans Enikel, Fürstenbuch, ed. Philipp Strauch, Monumenta Germaniae Historica, Deutsche Chroniken, Bd. III/2, Verse 886–892, 903–908.

7 Ladislaus Sunthaym, Der löblichen Fürsten und des Landes Österreich Altherkommen und Regierung, Basel 1491, zitiert nach dem Faksimiledruck bei Röhrig, Babenberger-Stammbaum, S. 139 f.

8 Chrysostomus Hanthaler SOCist, Fasti Campililienses 1, 1747, S. 215–226.

Literatur

Über das Chronicon pii marchionis vgl. die zu Kapitel I angegebene Literatur. Zu Frauendarstellungen in Stammbäumen vgl. Heide Dienst, Rollenaspekte von Männern und Frauen im Mittelalter in zeitgenössischer Theorie und Praxis, in: Weiblichkeit oder Feminismus? Beiträge zur interdisziplinären Frauentagung Konstanz 1983, herausgegeben von Claudia Opitz, Weingarten 1984, S. 137–157, sowie dies., Regionalgeschichte, wie Kapitel I.

Zur Ikonographie der Heiligenkreuzer Babenbergerscheiben vgl. Eva Frodl-Kraft, Corpus vitrearum medii aevi. Österreich, Bd. II, Wien–Köln–Graz 1972, S. 119, 121, Nr. 4c, das ursprüngliche Programm S. 112, Tafel VII, sowie Walter Koch, Zu den Babenbergergräbern in Heiligenkreuz, Jahrbuch für Landeskunde von Niederösterreich, NF 42, 1976 (= Babenberger-Forschungen), S. 193–215.

Zum Privilegium minus und zu seiner Vorgeschichte: Heinrich Appelt, Privilegium minus. Das staufische Kaisertum und die Babenberger in Österreich, Böhlau Quellenbücher, Wien – Köln – Graz 1973, mit dem Text der Urkunde.

Zu Chrysostomus Hanthaler: Michael Tangl, Die Fälschungen des Chrysostomus Hanthaler, Mitt. d. Inst. f. österr. Geschichtsforschung 19, 1898, 1 ff., dazu Alphons Lhotsky, Quellenkunde zur mittelalterlichen Geschichte Österreichs, Mitt. d. Inst. f. österr. Geschichtsforschung, Erg.-Bd. 19, 1963, S. 199 f.

Zu den genannten mittelalterlichen Historikern: Lhotsky, Quellenkunde, sowie Paul Uiblein, Die Quellen des Spätmittelalters, in: Die Quellen der Geschichte Österreichs, herausgegeben von Erich Zöllner (= Schriften des Instituts für Österreichkunde 40), Wien 1982, S. 50–113.

Zur Genealogie: Floridus Röhrig, Der Babenberger-Stammbaum im Stift Klosterneuburg, Wien o. J. (1976).

Zu Adler- bzw. Lerchenwappen: Karl Lechner, Wappen und Farben des Gaues Niederdonau in ihrer historischen Entwicklung (Niederdonau, Ahnengau des Führers), S. 68–70, 1943, ferner die von Uiblein, Quellen, genannte neuere Literatur.

Material zur Charakteristik der Babenberger in spätmittelalterlichen Quellen: Elisabeth Schranzhofer, Das Bild der Babenberger in der österreichischen Historiographie des 15. Jahrhunderts, phil. Diss. Wien 1974; des Markgrafen Leopold im Laufe der Jahrhunderte: Georg Wacha, Leopold der Heilige und Klosterneuburg vom 12. bis zum 20. Jahrhundert. Mit historischer Ikonographie und kritischer Bibliographie, phil. Diss. Wien 1949.
Zu pietas und clementia Austriaca: Anna Coreth, Pietas Austriaca, Österreich-Archiv 7a, [2]Wien 1982; Veronika Pokorny, Clementia Austriaca. Studien zur Bedeutung der clementia principis für die Habsburger im 16. und 17. Jahrhundert, Mitt. d. Inst. f. österr. Geschichtsforschung 86, 1978, S. 310–364.

Kapitel IV

Anmerkungen

1 Ferdinand Schönsteiner, Die kirchlichen Freiheitsbriefe des Stiftes Klosterneuburg, Jahrbuch des Stiftes Klosterneuburg, N. F. 7, 1915, S. 22, Nr. VI. Die Stiftbriefe der Klöster: Urkundenbuch zur Geschichte der Babenberger in Österreich 1, 1950, Nr. 5, 9, 10.
2 Österreichische Nationalbibliothek, Handschriftensammlung, CVP 352 fol. 40r, geschrieben nach 1267.
3 Klosterneuburg, Stiftsbibliotkek, CCl. 608, fol. 327r.

Literatur

Die meisten der hier besprochenen Bilder werden in dem Ausstellungskatalog: Leopold. Heiliger und Staatssymbol, Klosterneuburg 1985, erwähnt, besonders in den Beiträgen von Georg Johannes Kugler, Floridus Röhrig, Edith Specht und Georg Wacha.
Vgl. ferner grundlegend: Berthold Cernik, Das mittelalterliche Lebensbild des heiligen Leopold, in: St. Leopold. Festschrift das Augustiner Chorherrenstiftes Klosterneuburg zur 800jährigen Gedenkfeier des Todes des Heiligen, herausgegeben von Siegfried Wintermayr, Klosterneuburg 1936, S. 7–26; ferner Siegfried Wintermayr, Die bildliche Darstellung des heiligen Leopold im Wandel der Zeiten, ebenda S. 46–63; ferner Wacha, Leopold der Heilige, wie Kapitel III.

Kapitel V

Anmerkungen

1 Cernik, Das mittelalterliche Lebensbild, wie Kapitel IV, S. 17, Anhang 1.
2 Klosterneuburg, Stiftsarchiv. Druck: Hieronymus Pez, Scriptores rerum Austriacarum 1, Leipzig 1721, Sp. 671–678, die zitierten Stellen, Sp. 674 f.
3 Cernik, wie Anm. 1, S. 18 ff., Anhang 2, die zitierte Stelle S. 21.

4 Das Leben der heiligen Hedwig, übersetzt von K. und F. Metzger, herausgegeben von Walter Nigg, Düsseldorf 1967, S. 49, hier zitiert nach Claudia Opitz, Weibliche Biographien des 13. Jahrhunderts zwischen hagiographischer Topik und historiographischer Fragestellung, in: Die ungeschriebene Geschichte. Dokumentation des 5. Historikerinnentreffens in Wien, 16.–19. April 1984, Wien 1984, S. 327–336, die zitierte Stelle S. 328.

5 Ed. Thomas Wright, The Latin Poems commonly attributed to Walter Mapes, London 1841, S. 80, 82, zitiert nach Heide Dienst, Dominus vir. Von Herzogin-Markgräfin Agnes und anderen Frauen des Hochmittelalters, in: Das ewige Klischee. Zum Rollenbild und Selbstverständnis bei Männern und Frauen, Wien–Köln–Graz 1981, S. 20–44, das Zitat S. 38, Anm. 29.

6 Florentius Schilling, Oesterreichischer Marggraff, Das ist: Lob- und Ehrenpredig uber das Leben und Thaten des heiligen Leopoldi, weylan Marggraffen und Landsfürsten in Oesterreich. Gehalten in dem weitberühmten Gotts-Hauß unser Frawen zu Closter-Newburg. Anno 1653, in: Amaradulcis oder Je länger Je lieber. Das ist: Lob-Predigten etlicher Heiliger und Besingnus-Rede über unterschiedliche Adels-Personen, Wien 1658, S. 88–125, das Zitat S. 100.

7 Ebenda, S. 102 ff.

8 Oesterreichische Marg-Graffen von Leopold den Durchleuchtigen und Ersten biß auff Heinrich, letzten Marggraffen und I. Hertzogen zu Oesterreich, unter welchen Leopoldus Der Gottsförchtige oder Heilige und VI. Marggraff der Glorwürdigst. Deren Ritterliche Thaten insonderheit deß H. Leopoldi Leben, Tugendreicher Wandel, Wunderthaten, Canonization, Erhebung, Stifftung deß Gottshauß Closter-Neuburg sambt dem Officio von Ihme. Auß alten bewehrten Jahrs-Büchern und Geschicht-Schrifften verfasset, in Teutscher Sprach beschriben und mit Kupfferstichen geziert. Durch Adamum Scharrer Regulierten Chor-Herrn und Dechant zu Closter-Neuburg. Gedruckt zu Wienn . . . bey Leopold Voigt . . . 1670, S. 40 ff., 61 ff.

9 Wacha, Leopold der Heilige, wie Kapitel III, S. 80.

10 Verbesserte Legend der Heiligen, wie Kapitel I, Anm. 4, S.1120.

11 S. 80–87.

12 S. 89.

13 Katholische Volks-Andachten. Ein Vorbetbuch zum Gebrauche beim öffentlichen heiligen Gottesdienste. Für die österreichische Kirchen-Provinz zusammengestellt von Mathias Eisterer, Wien 1886, S. 344.

14 Ebenda, S. 347 f.

15 Legende von den lieben Heiligen Gottes. Nach den besten Quellen neu bearbeitet und herausgegeben von Georg Ott, ³Regensburg etc. 1902 (1. Auflage 1886), 2. Bd., S. 1467 ff.

Literatur

Georg Wacha, Reliquien und Reliquiare des hl. Leopold, Jahrbuch des Stiftes Klosterneuburg, N. F. 3, Festschrift für Alphons Lhotsky, 1963, S. 9–26, bes. S. 12.

Wolfgang Pauker, Der neue Leopoldischrein des Stiftes Klosterneuburg, Klosterneuburg 1936.

Kapitel VI

Anmerkungen

1 Codex Claustroneoburgensis 626 fol. 202v, ed. Vinzenz Oskar Ludwig, Ein Beitrag zur Geschichte der Schleierlegende usw., in: Jahrbuch des Stiftes Klosterneuburg 3, 1910, S. 357 f. Die deutsche Version aus dem Jahr 1416 gedruckt in Berthold Cernik, Das mittelalterliche Lebensbild des heiligen Leopold, in: St. Leopold-Festschrift, Wien 1936, S. 18 f.
2 Die Agneslegende, Ballade für Chöre und 15 Instrumente op. 11/6 von Ulf-Diether Soyka, die zitierten Texte von Rita Weber und Lore Hübl, Klosterneuburg 1985. Den Hinweis auf diesen Text verdanke ich Bernhard Paul.
3 Verbesserte Legend, wie Kapitel I, Anm. 4, S. 1120.
4 Schilling, wie Kapitel V, Anm. 6, S. 113 ff.
5 Astriacus Austriacus Himmelreichischer Oesterreicher. Der Hochheilige Marggraff Leopoldus Vor der gesambten Kayserlichen Hoffstadt / in dem von Ihme fundirten Hochlöblichen Stifft / und zur Ehr der Allerseeligsten Mutter Gottes erbauten Gottshauß zu Closter-Neuburg: In Gegenwart seiner H. Reliquien in einer Lob-Predig vorgestelt. Durch den Ehrwürdigen Patrem Abrahamum a S. Clara Ord. Eremitar. Discalceat. Sancti Augustini in Wien / etc. Am Fest deß gedachten Hochheiligen Marggraffens / 15. Novemb. Anno M. DC. LXXIII, Wien 1673, o. S.
6 Johann Christian Herchenhahn, Geschichte der Oesterreicher unter den Babenbergern. Aus Quellen und quellmäßigen Schriftstellern geschöpft von –, Leipzig 1784, S. 136.
7 Ebenda, S. 143 ff.
8 Joseph Aloys Gleich, Leopolds Jagd oder der wiedergefundene Schleyer. Eine Cantate in zwey Abtheilungen. Nach vaterländischer Geschichte bearbeitet von –. In Musik gesetzt von Ferdinand Kauer, Wien 1808, S. 23.
9 Ebenda, S. 22.
10 Ebenda, S. 10.
11 Ebenda, S. 11 f.
12 Ebenda, S. 13, 15.
13 Ebenda, S. 17 f., 20 f.
14 Ebenda, S. 23.
15 Zitiert nach Leopold Schmidt, Volksglaube und Volksbrauch am Festtag des heiligen Leopold, in: Helene Grünn – Franz Oswald – Hans Gruber (Hg.), Leopold III. und die Babenberger, St. Pölten 1975, S. 57.
16 Joseph Freyherr von Hormayr, Oesterreichischer Plutarch oder Leben und Bildnisse aller Regenten und der berühmtesten Feldherren, Staatsmänner, Gelehrten und Künstler des österreichischen Kaiserstaates 19, Wien 1814, S. 83 f.
17 Caroline Pichler geborne von Greiner, Der Markgräfin Schleyer. Legende, in: Taschenbuch für die vaterländische Geschichte, Wien 1811, S. 3–11.
18 Anton Ziegler, Vaterländische Immortellen aus dem Gebiete der österreichischen Geschichte, Bd. 1, Wien 1838, Bild 14.
19 Johann Nepomuk Vogl, Kloster Neuburg. Balladenzyklus, Wien 1854, zitiert nach Aldobrand Roczek, Der hl. Leopold in Dichtung und Legende, in: St. Leopolds-Festschrift, wie Anm. 1, S. 29 ff.

20 Zitiert nach Roczek, a. a. O., S. 33 f.
21 Julius von der Traun, Die Gründung von Klosterneuburg. Ein Gedicht, Leipzig 1854, o. S., Widmung.
22 Ebenda, S. 141.
23 Ebenda, S. 89–94 (mit Auslassungen), 96, 98 ff.
24 Ebenda, S. 110.
25 Ebenda, S. 112 f.
26 Ebenda, S. 130 f.
27 Ebenda, S. 134–137.
28 Richard Kralik, Die Legende vom Schleier. Zum Leopoldstag. Wiener Stadtbibliothek, Handschrift 17220. Die Kenntnis dieses Textes verdanke ich Bernhard Paul.
29 Leopold der Heilige. Oratorium. Dichtung von Richard Kralik, Musik von Mathilde Kralik, Klosterneuburg 1933, S. 3–5, 6, 9.
30 Dr. Richard von Kralik, A. E. I. O. V. Aller Ehren ist Österreich voll, Wien 1934. Die Identität der anonymen Autoren ist nicht bekannt.
31 Ebenda S. 52–55.
32 Hans Kmeth, Klosterneuburger Fantasie, Klosterneuburg 1949, S. 4.
33 Vinzenz Oskar Ludwig, Hoch vom Leopoldsberg. Ein dichterisches Nachwort, Klosterneuburg 1939, S. 16 ff.
34 Wie Anm. 2.
35 Karl Michael Kisler, Quasi una sinfonia, Wien 1984, S. 76.

Literatur

Zur Schleierlegende vgl. Anton Mailly, Die geschichtliche Bedeutung der Schleiersage, in: Klosterneuburg, Stadt und Stift, herausgegeben von Vinzenz Oskar Ludwig (Kleine Historische Monographien 9, 1927), S. 32 ff.; ders., Deutsche Rechtsaltertümer in Sage und Brauchtum, ebenda 19/20, 1930, S. 30 ff.; Leopold Schmidt, Volksglaube und Volksbrauch am Festtag des heiligen Leopold, in: Leopold III. und die Babenberger. Beiträge zur österreichischen Jahrtausendfeier, herausgegeben von Helene Grünn, Franz Oswald, Hans Gruber, St. Pölten 1975, S. 55–68.

Zur Schleiersymbolik allgemein Jungbauer in: Handwörterbuch des deutschen Aberglaubens 7, 1935/36, S. 721 f., 1214; Hans-Friedrich Rosenfeld, Handschuh und Schleier. Zur Geschichte eines literarischen Symbols, Societas scientiarum Fennica, Commentationes humanarum litterarum 23, Helsingfors 1958, Nr. 2, besonders S. 31 ff.; ferner Karl Weinhold, Die deutschen Frauen in den Mittelalter, [3]Wien 1887, S. 225 f., 301 ff. Zur Kulturgeschichte der Schleiersymbolik: Jeremias Alfred, Der Schleier von Sumer bis heute, Leipzig 1931.

Zur symbolischen Bedeutung von Kirche, Kapelle, Gebüsch vgl. Sigmund Freud, Vorlesungen zur Einführung in die Psychoanalyse, Gesammelte Werke 11, S. 158 ff.

Zur Gmünder Ringlegende: Klaus Schreiner, Die Staufer in Sage, Legende und Prophetie, in: Staufer-Katalog, wie Kapitel I, S. 249 ff., besonders S. 259; Klaus Graf, Gmünder Chroniken im 16. Jahrhundert, Schwäbisch Gmünd 1984, S. 160 ff.

Zur Burg auf dem Kahlenberg: Karl Lechner, „Chalwenperg“ – „Kalenberg“ – Leopoldsberg. Unsere Heimat 30, 1959, S. 51–79; Walther Brauneis, Die Burg auf dem „Kahlenberg“, Wiener Geschichtsblätter 27, 1972, S. 409–415. Zur Ikonographie vgl. Wacha, Leopold der Heilige und Klosterneuburg, wie Kapitel III; Röhrig, Der heilige Leopold in der Kunst, in: Leopold-Katalog, wie Kapitel IV.

Zusammenfassung

Anmerkungen

1 Vgl. Kapitel VI, Anm. 8, S. 24.

2 Anton Johann Gross, Der Kahlenberg und seine Umgebung, oder die nördlichen Gebirgs-Umgebungen Wiens, nach ihrer geographischen und historischen Bedeutsamkeit dargestellt von –, Wien 1832, S. 131.

3 Erstmals gedruckt in Viktor Bibl, Die Marienbuche und Wunderquelle auf dem Hermannskogel, Jahrbuch für Landeskunde von Niederösterreich, NF 20, 1926, S. 83, hier zitiert nach Walter Hirschberg, Das Agnesbrünnl. Volkskundliches um eine Quelle im Wienerwald, Wien 1949, S. 33 f.

4 Ebenda, S. 46.

5 Ebenda, S. 6 f.

6 Erschienen in Sartori, Mahlerisches Taschenbuch für Freunde interessanter Gegenden, 1813, zitiert nach Hirschberg, a. a. O., S. 8.

7 Theodor Vernaleken, Mythen und Bräuche des Volkes in Österreich, Wien 1859, S. 5 f., zitiert nach Hirschberg, a. a. O., S. 50 f., 53.

Literatur

Grundlegend die in den Anmerkungen zitierten Arbeiten von Bibl und Hirschberg; vgl. ferner Friederike Gorski, Baum und Quelle in ihrer Bedeutung für den Niederösterreichischen Volksglauben, Unsere Heimat, N. F. 7, 1934. Zum Zahlenlotto: Edith Saurer, Materielle Kultur und sozialer Protest in der Lombardei, Venetien, Niederösterreich und Böhmen zwischen Vormärz und Neoabsolutismus, geisteswiss. Habil. Wien 1983, in Druck.

Zeittafel

1017 Geburt Heinrichs III.
1039 Heinrich III. wird zum König gewählt
1046 Heinrich III. wird zum Kaiser gekrönt
1050 Geburt Heinrichs IV.
1056 Tod Heinrichs III.
1056 Heinrich IV. wird zum König gewählt
1070/75 Geburt Leopolds III.
1072 Geburt der Agnes von Waiblingen
1077 Wahl des Gegenkönigs Rudolf von Rheinfelden
1077 Tod der Agnes von Poitou, Witwe Heinrichs III.
1079 Belehnung des Friedrich von Büren (Staufen) mit dem Herzogtum Schwaben
1079 Verlöbnis Friedrichs von Staufen mit Agnes von Waiblingen
1080 Tod Rudolfs von Rheinfelden
1084 Heinrich IV. wird zum Kaiser gekrönt
1086 Geburt Heinrichs V.
1090 Geburt Friedrichs, Herzog von Schwaben
1093 Geburt Konrads III.
1095 Regierungsantritt Leopolds III.
1105 Tod Friedrichs von Staufen, Herzog von Schwaben
1105 Heerlager Heinrichs IV. und Heinrichs V. am Flusse Regen
1106 Hochzeit der Agnes mit Markgraf Leopold III. von Österreich
1106 Tod Heinrichs IV.
1106 Heinrich V. wird zum König gewählt
1107(?) Geburt Heinrichs II. Jasomirgott
1108(?) Geburt Leopolds IV.
1111 Heinrich V. wird zum Kaiser gekrönt
1112(?) Geburt Ottos von Freising
1114 Gründung des Kanonikerstiftes Klosterneuburg
1122/24 Geburt Friedrichs I. Barbarossa
1125 Tod Heinrichs V.
1133 Regularkanoniker ziehen in Klosterneuburg ein
1136 Kirchweihe in Klosterneuburg
1136 Tod Leopolds III.
1136 Regierungsantritt Leopolds IV.
1138 Konrad III. wird zum König gewählt
1138 Tod Adalberts, des ältesten Sohnes Leopolds III.
1139 Leopold IV. von Österreich wird Herzog von Bayern
1141 Tod Leopolds IV.
1141 Regierungsantritt Heinrichs II. Jasomirgott
1143 Tod der Markgräfin Agnes
1143 Heinrich II. Jasomirgott wird Herzog von Bayern

1147 Tod Friedrichs, Herzog von Schwaben
1152 Tod Konrads III.
1152 Friedrich I. Barbarossa wird zum König gewählt
1155 Friedrich I. Barbarossa wird zum Kaiser gekrönt
1156 Privilegium minus: Österreich wird Herzogtum
1158 Tod Ottos von Freising
1177 Tod Heinrichs II. Jasomirgott
1190 Tod Friedrichs I. Barbarossa
1459 Geburt Maximilians I.
1485 Heiligsprechung des Markgrafen Leopold III.
1490 Regierungsantritt Maximilians I. in Österreich
1506 Erhebung der Gebeine Leopolds III.
1519 Tod Maximilians I.
1558 Geburt Maximilians III. des „Deutschmeisters"
1602 Maximilian III. wird Gubernator von Tirol und der Vorlande
1612 Maximilian III. wird Landesfürst von Tirol
1618 Tod Maximilians III.
1640 Geburt Leopolds I.
1655 Leopold I. wird König von Ungarn
1656 Leopold I. wird König von Böhmen
1658 Leopold I. wird Kaiser
1663 Proklamation des heiligen Leopold zum österreichischen Landespatron
1683 Zweite Türkenbelagerung Wiens
1685 Geburt Karls VI.
1703–1714 Karl VI. König von Spanien
1705 Tod Leopolds I.
1711 Karl VI. wird König von Böhmen und Kaiser
1712 Karl VI. wird König von Ungarn
1717 Geburt Maria Theresias
1740 Tod Karls VI.
1740 Regierungsantritt Maria Theresias
1780 Tod Maria Theresias
1804 Proklamation des Kaisertums Österreich
1806 Ende des deutschen König- und Römischen Kaisertums

Stammtafel der Salier und der Staufer

Heinrich III.
1017–1056
reg. 1039–1056
Kaiserkrönung 1046
ↀ 2. Agnes von Poitou,
Tochter Wilhelms V.,
Herzog von Aquitanien-Poitou
um 1025–1077
Hochz. 1043

Mathilde
1045–1060
ↀ Rudolf Graf von Rheinfelden,
Herzog von Schwaben
Herzog 1057–1080
Gegenkönig 1077–1080
Hochz. 1059
ↀ 2. Adelheid,
Tochter Ottos,
Graf von Savoyen und Turin
1070–1109

Heinrich IV.
1050–1106
reg. 1056–1106
Kaiserkrönung 1084
ↀ 1. Berta,
Tochter Ottos,
Graf von Savoyen
und Turin
gest. 1087
Hochz. 1066

Konrad
1071–1101
Königskrönung 1087
1098 abgesetzt

AGNES von Waiblingen
1072–1143
ↀ 1. Friedrich von Büren,
später von Staufen,
Herzog von Schwaben
um 1047/48–1105
reg. 1079–1105
Hochz. 1079

Heinrich V.
1086–1125
reg. 1106–1125
Kaiserkrönung 1111
ↀ Mathilde,
Tochter Heinrichs I.,
König von England
1102–1167
Hochz. 1114

Heilica
1087/88–n. 1110
ↀ Friedrich,
Graf von
Lengenfeld
1070–v. 1121

Bertha
1088/89–n. 1120
ↀ **Adalbert,**
Graf von
Elchingen
1075/80–n. 1121

Friedrich
1090–1147
Herzog von Schwaben
reg. 1105–1147
ↀ 1. Judith v. Bayern
gest. 1130/31
Hochz. um 1123
ↀ 2. Agnes
von Saarbrücken
gest. n. 1147
Hochz. um 1135

Hildegard

Konrad III.
1093–1152
reg. 1138–1152
ↀ 1. Gertrud
von Comburg
gest. 1130/31
Hochz. 1114/15
ↀ 2. Gertrud
von Sulzbach
1116–1146
Hochz. v. 1134

Gisela

Heinrich
gest. 1102

Beatrix
Äbtissin
gest. n. 1130

Kunigunde
gest. n. 1120
ↀ Herzog
Heinrich
(der Stolze?)

Sophia
ↀ Adalbert

Gertrud/Fides
gest. n. 1142
ↀ Hermann,
Graf von
Stahleck,
Pfalzgraf
bei Rhein
gest. 1156

(Kinder Friedrichs:)

(1)
Friedrich I.
Barbarossa
1122/24–1190
reg. 1152–1190
Kaiserkrönung 1155
ↀ 1. Adela von Vohburg
gest. n. 1187
Hochz. 1146/47
gesch. um 1153
ↀ 2. Beatrix von Burgund
gest. 1184
Hochz. 1156

Bertha
ↀ Matthäus,
Herzog von
Lothringen

Judith/Guta
ↀ Ludwig,
Landgraf von
Thüringen

(2)
Konrad
Pfalzgraf
bei Rhein
um 1140–1195
reg. 1156–1195
ↀ 1. N. von Sponheim
ↀ 2. Irmgard
von Henneberg

Luitgard

(Kinder Konrads III.:)

(1)
N. (Agnes)
ↀ Isjaslaw II.,
Großfürst
von Kiew

(1)
Bertha
ↀ Hermann,
Markgraf
von Baden

(1)
Gertrud
ↀ

(2)
Heinrich
um 1136–1150
designiert
als deutscher
König 1146

(2)
Friedrich
Herzog von
Rothenburg,
Herzog von
Schwaben
1146–1167
Herzog von
Schwaben 1152
ↀ Gertrud
von Sachsen
um 1154–1197
Hochz. 1166

Stammtafel der Salier und der Babenberger

Heinrich III.
1017–1056
reg. 1039–1056
Kaiserkrönung 1046
ⓞⓞ 2. Agnes von Poitou,
Tochter Wilhelms V.,
Herzog von Aquitanien-Poitou
um 1025–1077
Hochz. 1043

Mathilde
1045–1060
ⓞⓞ Rudolf Graf von Rheinfelden,
Herzog von Schwaben
Herzog 1057–1080
Gegenkönig 1077–1080
Hochz. 1059
ⓞⓞ 2. Adelheid,
Tochter Ottos,
Graf von Savoyen und Turin
1070–1109

Heinrich IV.
1050–1106
reg. 1056–1106
Kaiserkrönung 1084
ⓞⓞ 1. Berta,
Tochter Ottos,
Graf von Savoyen
und Turin
gest. 1087
Hochz. 1066

Konrad
1071–1101
Königskrönung 1087
1098 abgesetzt

AGNES von Waiblingen
1072–1143
ⓞⓞ 2. **Leopold III.**
Markgraf von Österreich
1070/1075–1136
reg. 1095–1136
Hochz. 1106

Heinrich V.
1086–1125
reg. 1106–1125
Kaiserkrönung 1111
ⓞⓞ Mathilde,
Tochter Heinrichs I.,
König von England
1102–1167
Hochz. 1114

[Adalbert
gest. 1138
ⓞⓞ 1. Adelheid
ⓞⓞ 2. Sophie
(von Ungarn)]

Heinrich II.
Jasomirgott
1107(?)–1177
Pfalzgraf am
Rhein 1140
Markgraf von
Österreich
1141–1156
Herzog von
Bayern
1143–1156
Herzog von
Österreich
1156–1177
ⓞⓞ 1. Gertrud,
Tochter Kaiser
Lothars III.
um 1113–1143
(Witwe nach
Heinrich,
Herzog von
Bayern und
Sachsen
gest. 1139)
Hochz. 1142
ⓞⓞ 2. Theodora
Komnena,
Nichte Manuels I.,
Kaiser von
Byzanz
gest. 1183
Hochz. 1148

Leopold IV.
1108(?)–1141
Markgraf von
Österreich
1136–1141
Herzog von
Bayern
1139–1141
ⓞⓞ Maria,
Tochter
Sobieslaws,
König von
Böhmen

Agnes
gest. n. 1157
ⓞⓞ Boleslav,
Herzog von
Polen-Schlesien
gest. 1159

Bertha
gest. um 1150
ⓞⓞ Heinrich III.,
Burggraf von
Regensburg
gest. 1174

Otto
1112(?)–1158
Propst von
Klosterneu-
burg
1126
Abt von
Morimond
1133
Bischof von
Freising
1138–1158

Ernst
gest. n. 1137

Elisabeth
gest. 1143
ⓞⓞ Hermann II.,
Graf von
Winzenburg
gest. 1152

Konrad
Bischof von
Passau
1148–1164
Erzbischof
von Salzburg
1164–1168

Gertrud
gest. 1151
ⓞⓞ Wladislaw II.,
Herzog, später
König von
Böhmen
gest. 1175

Judith
ⓞⓞ Regenger,
Markgraf von
Montferrat
gest. 1191

jung
verstorben
sieben
Kinder

---

(1)
Richardis
ⓞⓞ Heinrich,
Landgraf von
Steffling
gest. 1185

(2)
Agnes
ⓞⓞ 1. Stephan III.,
König von Ungarn
gest. 1175
ⓞⓞ 2. Hermann,
Herzog von
Kärnten
gest. 1181

(2)
Leopold V.
1157–1194
Herzog von
Österreich
1177–1194
Herzog von
Steiermark
1192–1194
ⓞⓞ Helene,
Tochter Gézas II.,
König von Ungarn

(2)
Heinrich d. Ä.
Herzog von
Mödling
gest. 1223
ⓞⓞ Richza,
Tochter
Wladislaws II.,
König von
Böhmen
gest. 1174

Personenregister

Die kursiven Seitenangaben beziehen sich auf die Legenden der Schwarzweißbilder, die römischen Seitenangaben auf die Legenden der Farbbilder.

Bildnachweis

Bildstelle der niederösterreichischen Landesregierung: Seiten 90, 119, 125, 126, 128, 147, 161, 162. Bundesdenkmalamt, Wien: Seiten 32 (2), 34, 76, I. Helmut Buschhausen, Wien: Seiten 29, 48, 49, 51, 59, 72, 78, 86, 115 (2), 133, 142, II oben, IV (2). Heide Dienst, Wien: Seiten 17, 18, 19, 22, 66, 113. Harrand, Wien: Seite 58 (2). Institut für Österreichische Geschichtsforschung, Wien: Seiten 24, 31. Inge Kitlitschka, Klosterneuburg: Seiten 26, 65, 67, 69, 74, 75, 77, 80 (2), 81, 83, 84, 108, 117, 120, 121, 122, 123, 127, 143, II unten, VI, VII. Österreichische Nationalbibliothek, Wien: Seite 27. Otto von Freising, Chronik, Ausgewählte Quellen zur Geschichte des deutschen Mittelalters, Darmstadt 1961: Seite 21. Privatbesitz, Wien: Seite 145. Foto Ritter, Wien: Seiten V, VIII. Stadtarchiv Klosterneuburg: Seite 189. Stift Klosterneuburg, Sammlungen: Seiten 70, 82, III (2).